ALTAÏR viajes

15

Enric González

Historias de Londres

EDICIONES PENÍNSULA

BARCELONA

Primera edición: octubre de 1999.
Segunda edición: marzo de 2000.

Peu de la Creu 4, 08001-Barcelona.
E-MAIL: correu@grup62.com
INTERNET: http://www.peninsulaedi.com

Diseño de la cubierta: Enric Jardí.

Fotocompuesto en V. Igual s.l., Còrsega 237, baixos, 08036-Barcelona.
Ejecución de los mapas de Blauset s.l., Argentona 8, baixos, 08024-Barcelona.
Impreso en Romanyà/Valls s.a.,
Plaça Verdaguer 1, 08786-Capellades.
DEPÓSITO LEGAL: B. 15.422-2000.
ISBN: 84-8307-234-3.

CONTENIDO

EL OESTE

EL CENTRO

èste es el capítulo ¡IMPORTANTE!!

CONTENIDO

EL ESTE

EL OESTE

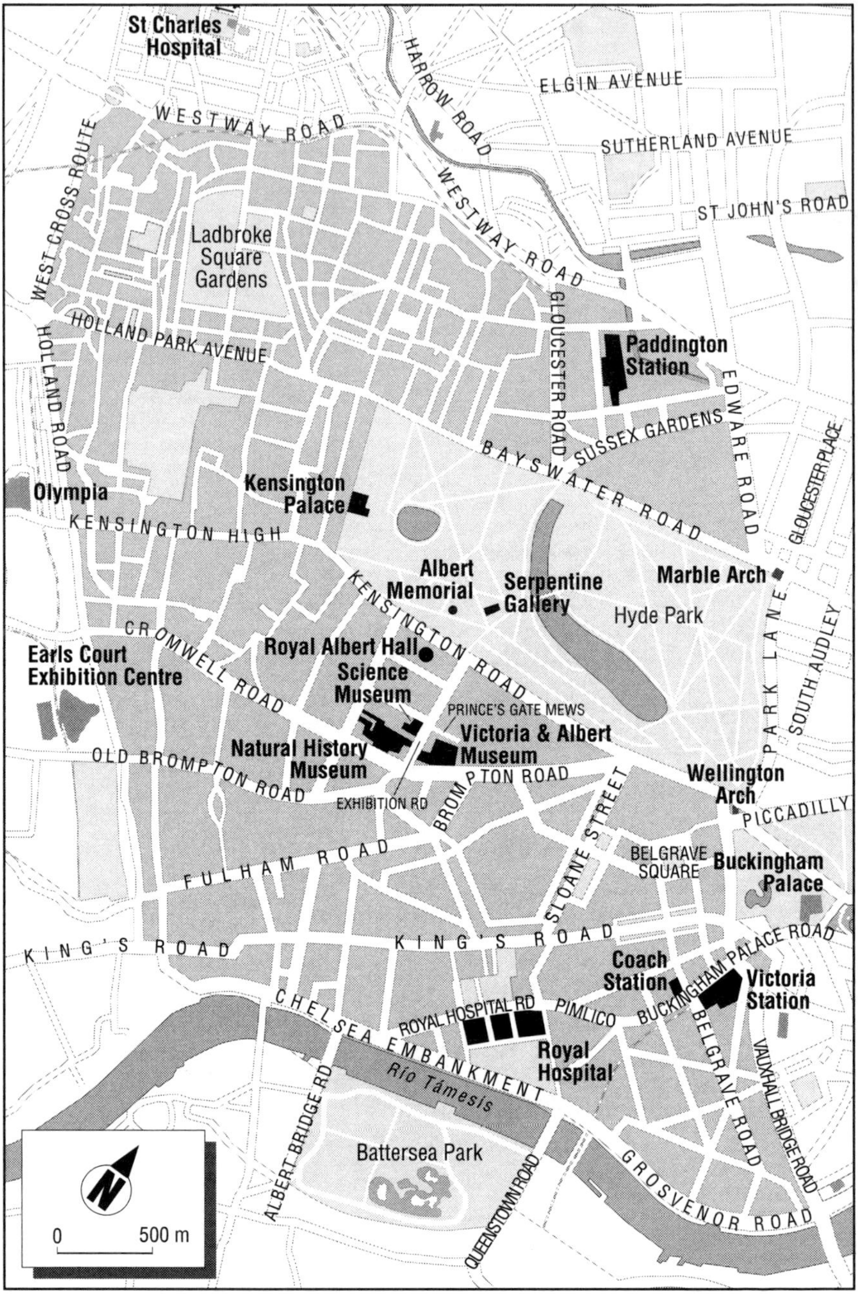
St Charles Hospital
WESTWAY ROAD
HARROW ROAD
ELGIN AVENUE
SUTHERLAND AVENUE
ST JOHN'S ROAD
WESTWAY ROAD
WEST CROSS ROUTE
Ladbroke Square Gardens
HOLLAND PARK AVENUE
HOLLAND ROAD
GLOUCESTER ROAD
Paddington Station
EDWARE ROAD
SUSSEX GARDENS
BAYSWATER ROAD
GLOUCESTER PLACE
Olympia
Kensington Palace
KENSINGTON HIGH
Albert Memorial
Serpentine Gallery
Marble Arch
Hyde Park
KENSINGTON ROAD
CROMWELL ROAD
Royal Albert Hall
Earls Court Exhibition Centre
Science Museum
PRINCE'S GATE MEWS
Victoria & Albert Museum
PARK LANE
SOUTH AUDLEY
Natural History Museum
OLD BROMPTON ROAD
BROMPTON ROAD
EXHIBITION RD
SLOANE STREET
Wellington Arch
PICCADILLY
BELGRAVE SQUARE
Buckingham Palace
FULHAM ROAD
KING'S ROAD
KING'S ROAD
BUCKINGHAM PALACE ROAD
Coach Station
Victoria Station
CHELSEA EMBANKMENT
ROYAL HOSPITAL RD
PIMLICO
BUCKINGHAM
BELGRAVE ROAD
VAUXHALL BRIDGE ROAD
Royal Hospital
Río Támesis
ALBERT BRIDGE RD
Battersea Park
QUEENSTOWN ROAD
GROSVENOR ROAD
N
0
500 m

El londinense accidental

El verano de 1990 fue tórrido en Madrid. Yo vivía allí por entonces y trabajaba en la sección internacional del diario *El País.* Un buen lugar, en un mal momento. El primer día de agosto, cuando el grueso de la redacción acababa de desaparecer hasta septiembre, el ejército iraquí invadió Kuwait. Un puñado de jeques multimillonarios tomó la ruta del exilio saudí a bordo de sus limusinas, en Washington se desenterró el hacha de guerra y, yendo al detalle, dos redactores del periódico—el infatigable Luis Matías López y el muy fatigable autor de estas líneas—padecimos un mes penoso.

Las jornadas se encadenaban desde las 11 de la mañana hasta las 3 o las 4 de la madrugada, de lunes a domingo: en aquel agosto sólo logré tomarme un par de horas libres, y las malgasté en una visita al dentista. En pleno agobio, decidí que el periodismo no era lo mío y empecé a cavilar sobre posibles alternativas. No se me ocurrió nada. Y en octubre me encontré en Dahran, la ciudad petrolera saudí donde se concentraban las tropas aliadas, como enviado especial a una guerra futura. Había que esperar a que expirara, el 15 de enero, el plazo concedido por la ONU a las autoridades iraquíes, y Dahran no ofrecía grandes entretenimientos: ni libros, ni prensa internacional, ni televisión—existía, pero sólo programaba rezos, dibujos animados y publicidad—y ni una gota de alcohol para los momentos bajos. Sebastián Basco, de *ABC,* dedicó larguísimas tardes a introducirme—sin gran éxito—en los secretos del billar. Con Arturo Pérez Reverte, aún en TVE, solía ir a las playas del Pérsico y con frecuencia nos cruzábamos preguntas de tintinología, del tipo «¿por qué caballos apuesta el profesor Wagner?». (Respuesta: el profesor Wagner, personaje de *Las joyas de la Castafiore*, apuesta por Sara, Oriana y Semíramis.) Con los compañeros de TV3 traté de conseguir algún licor para la cena de fin de año y, tras una gestión fallida (seis botellas de whisky clandestino costaban 2.000 dólares en Yedah: demasiado caro y demasiado peligroso), acabamos fabricando un infame alcohol casero, el llamado *sadiki*, a base de agua de arroz fermentada con levadura. Uno de los infortunados catadores de aquel brebaje fue David Sharrock, de *The Guardian*, alguien con quien iba a reencontrarme poco después en mejores circunstancias.

Llegó la guerra, pusimos cinta aislante en las ventanas, nos colgamos la máscara antigás en la cintura y, básicamente, seguimos haciendo lo mismo que en los meses anteriores. Cientos de tipos disfrazados de Rambo se congregaban cada tarde junto a la piscina del hotel y escribían vibrantes crónicas sobre la guerra que imaginaban. No veíamos otra cosa que los bombarderos, cargados de proyectiles a la ida, vacíos a la vuelta. Si, por azar, algún misil iraquí interrumpía nuestro almuerzo o nuestra cena, un camarero retiraba los platos y volvía a servirlos, recalentados o preparados de nuevo, una vez concluido el incidente. En Kuwait e Irak había guerra, pero el grueso de la prensa estaba en el limbo saudí; pese a ello, las redacciones recibían la dosis cotidiana de hazañas bélicas de sus avezados reporteros en el conflicto del Golfo.

Mi relevo, Juan Jesús Aznárez, entró en Kuwait y comprobó personalmente en qué había consistido todo aquello: varios soldados iraquíes le hicieron parar en mitad del desierto y le imploraron que les tomara como prisioneros, pero no pudo aceptar la rendición porque no cabían todos en su Honda Civic. Mientras leía las excelentes crónicas de Juanje, aún pasmado por la diferencia entre la apasionante realidad virtual creada por la CNN y la mísera realidad real, tomé una decisión que me pareció muy sensata: mi mujer, Lola, y yo íbamos a dejarlo todo y a instalarnos cerca de Londres, donde tendríamos un perro y una bicicleta y viviríamos del aire.

Pedí la liquidación y fui a despedirme de la directora adjunta de *El País*, Sol Gallego-Díaz, y a agradecerle de paso la paciencia que siempre había tenido conmigo. Sol escuchó mis ideas sobre la conversión mágica del oxígeno británico en calorías y proteínas y me recomendó que viera de inmediato a Joaquín Estefanía, entonces director del periódico. Joaquín me dejó desvariar un rato y luego me ofreció la corresponsalía de Londres. Lo normal habría sido aceptar de inmediato, pero yo me sentía sin la imaginación necesaria para ejercer el periodismo contemporáneo. Joaquín, la bondad personificada, me envió a casa a reflexionar durante 24 horas.

No hizo falta tanto tiempo. Esa misma noche, en la cocina, Lola me hizo notar que el proyecto de vivir del aire tenía algunos puntos oscuros, mayormente en el aspecto económico. Y que Londres con un sueldo siempre sería mejor que Londres sin un sueldo.

Supongo que Lola tenía mucha razón.

Al día siguiente empezamos a preparar la mudanza. Mientras ella empaquetaba nuestros bártulos y cerraba el apartamento de Madrid, yo tomé un avión a Londres con el fervor de quien viaja a la tierra prometida.

Todo tiene una causa última. Y yo conocí la ciudad más espléndida del mundo gracias a Sadam Husein. Pese este libro sobre su conciencia.

Una casa inapropiada

El trayecto en metro desde el aeropuerto de Heathrow hasta Londres pasó como un suspiro. Hounslow, Osterley, Boston Manor, Northfields, South Ealing, Acton Town, Hammersmith...¡Qué hermosa sonoridad! Con nombres así, uno tiene ya medio hecha una novela de pasión e intriga. Piccadilly Line: ya no se fabrican denominaciones tan elegantes para las líneas suburbanas. Incluso el vagón, estrecho y redondeado como un tubo, era una perfecta muestra del sentido común británico: ¿Para qué derrochar espacio y oxígeno?

Unos meses y unas lipotimias después, la simple mención de la Piccadilly Line había de producirme una incómoda sensación de asfixia. Pero aquella mañana era la primera mañana y me sobraba el aire: ya no lo necesitaba, tenía un sueldo.

Emergí de la estación de South Kensington—un andén encantador, con un cierto aire a apeadero de montaña—en un estado cercano al embeleso, y me abrí paso por entre los grupos de turistas con el paso decidido de quien conoce bien su camino. Caía una mansa lluvia de julio y gocé del frescor estival—más tarde supe que a eso se le llamaba, con cierta razón, «el miserable verano inglés»—hasta que, empapado, extraviado y de nuevo en la estación de metro, me resigné a sacar el plano de la cartera y seguí la senda de los turistas hacia mi nuevo domicilio: Thurloe, Exhibition Road, cruzar Cromwell, pasar entre el Natural History Museum y el Victoria & Albert, avanzar hasta la sede de los mormones y doblar a la derecha. Eso era Prince's Gate Mews. Lola y yo íbamos a vivir en el número 10.

Heredé la casa de Ricardo Martínez de Rituerto, el

anterior corresponsal del periódico. Tenía que visitarla para asegurarme de que cabrían nuestros muebles, pero en cuanto eché un vistazo decidí que los muebles eran algo prescindible y que ya nos arreglaríamos. Lola estaba aún en Madrid y esa noche, por teléfono, le describí (quizá en términos algo exaltados) las características del inmueble: un edificio de dos plantas, con un salón a la entrada y una formidable escalera al fondo, por la que se accedía a un piso superior con tres dormitorios y, aún más arriba, a una buhardilla. Ella se hizo, me temo, una idea muy optimista de la finca e imaginó una especie de Manderley con avenida de cipreses y pabellón de invitados. Su comentario al verla por primera vez, unos días después, fue hirientemente lacónico.

—Es pequeña. Y no tiene jardín—dijo.

Ambas observaciones eran muy ciertas. La primera planta constaba de una cocina diminuta y un saloncito, con una estrecha—pero, insisto, muy bonita—escalera de caracol de hierro forjado que ascendía a los dormitorios y a un baño enmoquetado de rosa de allá por los años ye-yé. A la izquierda de la entrada había un garaje. En conjunto, una delicia. En el garaje y la buhardilla cupieron la mar de bien nuestros libros y los muebles que no logramos encajar en casa.

Los mews, una disposición urbana típicamente inglesa y muy propia de Londres, son antiguas caballerizas rehabilitadas. Cedo la palabra al siempre útil diccionario Longman:

> Callejón trasero o patio en una ciudad, donde en una época se guardaban los caballos, hoy parcialmente reconstruido para que pueda vivir la gente, aparcarse los coches, etcétera. Las casas de los mews son muy pequeñas pero se consideran muy deseables y pueden resultar muy caras.

Nada que añadir.

Nuestra vivienda había formado parte de las cuadras del Victoria & Albert Museum, y producía una curiosa sensación saber que del otro lado de la pared se almacenaban riquezas fabulosas; la sensación era un poco menos gratificante cuando, alguna madrugada, los empleados del museo trasladaban tronos chinos, telares quechúas o cualquier otro artilugio maravilloso, pero los ruidos ocasionales no eran nada comparados con las ventajas del lugar. La calle, adoquinada, era un apacible *cul de sac* flanqueado de fachadas multicolores—rosa, crema (la nuestra), blanco, azul pálido—, hiedras y flores. Nunca podré agradecer lo bastante a mi antecesor y a su esposa que encontraran y alquilaran aquella miniatura, cuyo precio era desorbitado si uno contaba en pesetas, pero resultaba una ganga en libras y en el contexto del barrio y la ciudad.

A mí siempre me pareció bien. Y Lola le tomó cariño enseguida. Pero no tardamos en descubrir que el frío ojo de la autoridad veía la casa como la vio Lola el primer día: era «pequeña y sin jardín». Inadecuada, en resumen.

Quedaban rescoldos del bucólico e imposible exilio gratuito en el que habíamos soñado durante meses. Una vez instalados en el 10 de Prince's Gate Mews, Lola y yo consideramos que, pese a no estar en la campiña paseando en bicicleta y viviendo del aire, podíamos tener un perro. Los dos habíamos tenido perros, sabíamos cómo tratarlos y cuidarlos, y valía la pena aprovechar que vivíamos a dos pasos de Hyde Park y Kensington Gardens. Durante semanas pensamos en un bulldog que se llamaría Ken. Pero, tomada la decisión, hicimos lo que creímos que debía hacer la gente responsable: ir a la perrera municipal y adoptar un animal abandonado.

Ignorábamos bastantes cosas de Londres.

La visita a la perrera de Battersea transcurrió agradablemente. Nos atendió una señorita que tomó nuestros nombres y dirección y nos aconsejó que no nos encariñáramos todavía de ningún animal, porque hacía falta resolver ciertas formalidades que llevarían unos días. El bienestar de los perros, nos dijo, era lo más importante. Yo me mostré muy de acuerdo.

Un hombre uniformado llamó a nuestra puerta al cabo de una semana, hacia la hora de cenar. Era un tipo de mediana edad y aspecto severo, grande como un armario, con un uniforme azul cubierto de insignias, galones y dorados, provisto de una placa de inspector de la perrera de Battersea. Me dio las buenas noches con un estremecedor vozarrón de sargento instructor.

Yo le hice pasar con cierta torpeza de gestos: tenía un cigarrillo en una mano y un vaso de whisky en la otra.

—Veo que fuma usted. ¿Bebe con frecuencia?—inquirió secamente.

Un tipo con aspecto de policía y voz de policía no siempre resulta reconfortante cuando se mete en casa de uno.

—Oh, muy de vez en cuando—respondí, con una sonrisa patética.

El hombretón uniformado se abrió paso hacia la cocina.

—¿Es aquí donde dormirá el perro?

—No sé—balbuceé—, es posible que duerma con nosotros.

—Los perros deben dormir en la cocina, y la de ustedes es demasiado pequeña y tiene una ventilación deficiente. Además, carece de jardín. En general, la casa me parece bastante inadecuada. Ustedes son españoles, ¿no?

Vi en sus ojos lo que pensaba. Yo era un español alcoholizado y genéticamente cruel que torearía al pobre perro cada tarde, le clavaría unas banderillas, apagaría mi cigarrillo sobre su lomo y, entre grandes risotadas, lo arrojaría desde la azotea.

—La casa es adecuada para nosotros, la calle es peatonal y tenemos aquí mismo los parques—argumenté sin convicción.

El hombre asintió mientras marcaba con cruces las casillas de un formulario.

El caso estaba cerrado. No habría adopción canina.

Poco tiempo después, el día de mi cumpleaños, Lola trajo a casa un cachorrillo de gato. Ahora es una enorme y plácida gataza que responde, cuando le apetece, al nombre de Enough.

Vacas en los mercados de divisas

En Londres, los animales son un elemento fundamental en las relaciones entre vecinos. Los niños, no. Hay pocos niños en Londres. Y cuando uno de ellos es avistado, es aconsejable mantenerse a distancia.

Una de las primeras noches, al volver a casa, oí llorar a un niño. Llovía, todo estaba oscuro y no se veía un alma en los mews. Guiado por el llanto, alcancé a encontrar un cochecito y, en su interior, una criatura de meses que gritaba de forma alarmante. Palpé la manta: estaba seca. Miré a mi alrededor y comprobé lo obvio: a pocos metros de mi portal, junto a la fachada de enfrente, había un bebé abandonado bajo la lluvia. No me atreví a tocarlo. Corrí a casa y le conté la situación a Lola. Volvimos a donde el bebé, dimos unas vueltas alrededor y optamos por llamar a la puerta más cercana. Nos abrió una mujer de mediana edad.

—Good evening, ma'm. Acabamos de encontrar un bebé en la calle y nos preguntábamos si...

—¿Qué le ocurre al niño?

—Bueno, es un crío muy pequeño y llora y no hay nadie...

La mujer nos miró de arriba abajo.

—El niño es mío. Llorar al aire libre le hace bien.

Balbucimos unas excusas y nos marchamos. La mujer no debió fiarse de nosotros, porque nos observó hasta que entramos en casa y, por si acaso, recogió a la criatura. Durante los meses siguientes, los del otoño y el invierno, el niño lloró regularmente en la calle. Ahora debe estar, supongo, internado en un colegio de porridge y ducha fría, consolándose con la idea de que un día podrá vengarse en sus propios hijos.

Aquella mujer no nos saludó hasta que llegó Enough. De hecho, la gata fue la carta de presentación ante el vecindario. Las puertas solían permanecer abiertas, incluso por la noche, ya que el riesgo de robo era casi inexistente: no hay nada como el neighbours watch, la vigilancia vecinal, que en nuestro caso consistía en la curiosidad obsesiva de un par de ancianitas insomnes permanentemente apostadas tras los visillos. Enough solía aprovechar la circunstancia para visitar las casas ajenas, y nadie se quejó nunca. Al contrario, todo eran sonrisas comprensivas. Si a alguien le molestó encontrar aquella bestezuela peluda bajo la cama, se guardó muy mucho de hacerlo saber: tratándose de Londres, hubiera sido improcedente.

Había otro gato en la calle. Se llamaba Tinker y era negro, musculoso y, pese a su aspecto feroz, muy bonachón. Sus dueños eran una pareja estadounidense, ya mayor, instalada en Londres desde hacía mucho y plenamente adaptada a las costumbres locales. Fueron siempre muy amables con nosotros y ella, Jenny, trabó enseguida relación con Lola. Conmigo optó por una cierta reserva, seguramente porque una de nuestras primeras conversaciones debió inquietarla sobremanera.

—Vuelve usted muy tarde hoy—me saludó desde la ventana—. ¿Mucho trabajo?

—Oh, sí, mucho—respondí cansadamente—. *There's chaos in the money markets.* «Hay caos en los mercados de divisas».

Eso, al menos, es lo que yo traté de decir. Dada mi pronunciación pedregosa, lo que salió de mis labios no fue *chaos*, sino *cows*: «Hay vacas en los mercados de divisas».

Jenny me miró atónita durante unos segundos.

—¿Vacas? ¿Quién ha llevado las vacas?

—La culpa es del maldito tratado de Maastricht y del Bundesbank—respondí yo, con una absoluta convicción.

Siguió mirándome, y supongo que por un momento consideró la posibilidad de que la onerosa e incomprensible política agraria de Bruselas, tan denostada por los británicos, obligara desde ese momento a apacentar mercado bovino en las instituciones de la City. Al fin decidió que no podía ser. Vaciló entre catalogarme como loco, ebrio o agotado, y optó por concederme el beneficio de la duda.

—Descanse bien esta noche, lo necesita.

Buena mujer, murmuré yo para mis adentros.

Esa misma noche, viendo las noticias en la tele, descubrí con gran pesar que *chaos* y *cows* se pronunciaban de forma bastante distinta.

Jenny, sin embargo, no nos retiró el saludo. Al contrario. El enorme Tinker se convirtió en el héroe y modelo de la pequeña Enough, y Jenny se esforzó por ejercer sobre nosotros una tutela similar. Tenía un consejo para cada cosa (excepto sobre finanzas y ganadería: nunca volvió a aventurarse en esos terrenos, al menos en mi presencia), y se consideraba una especialista en crianza de felinos. Los gatos, decía, debían comer conejo crudo. Como Tinker. Nunca olvidaré el crujido de los huesos de conejo entre las poderosas mandíbulas de aquel gato. «Es muy bueno para sus dientes», repetía Jenny. Tal vez. Enough se aficionó durante un tiempo a la carne cruda de roedor, pero al crecer se decantó por la comida de lata. Ahora sufre problemas dentales.

El orden de la naturaleza

Hay ciudades bellas y crueles, como París. O elegantes y escépticas, como Roma. O densas y obsesivas, como Nueva York. Londres no puede ser reducida a antropomorfismos. Siglos de paz civil, de comercio próspero, de empirismo y de cielos grises la han hecho indiferente como la misma naturaleza. Quizá exagero. Quizá Londres sea una proyección del carácter inglés. No hay sentimentalismos, ni derroches de pasión, ni verdades con mayúsculas. Por una u otra razón, Londres reúne las condiciones óptimas para que florezca la vida. Es difícil no sentirse libre en esa ciudad inabarcable y a la vez recoleta, sosegada como el musgo de sus rincones umbríos —una insignificancia vegetal que me conmueve, qué tontería—, donde caben el arte y su reverso técnico, el kitsch, sin estorbarse mutuamente, donde la Justicia, ese concepto peligroso, metafísico y continental, pesa menos que la sensatez a escala humana del *fair play*.

Basta una caminata o un simple vistazo a la fachada fluvial de la ciudad para comprobar que, en términos urbanísticos, reina un gran desorden natural. Como en la naturaleza, todo parece puesto ahí por casualidad. Y, como en la naturaleza, todo, hasta lo más nimio, tiene un sentido y una finalidad. La augusta arquitectura clásica inglesa, el muy abundante kitsch, las fachadas más humildes, los árboles de un parque, son como son porque deben ser así. La decoración es algo importado, o sea, francés. Uno tarda muchos paseos en percibir la armonía secreta dentro del aparente caos.

Hay quien dice que Londres es el resultado de siglos de especulación inmobiliaria. La ha habido, es cierto, y la hay, y muy voraz, pero eso no lo explica todo. Yo hablaría más bien de entropía. La urbe ha crecido y se ha complicado por sí misma. Londres nunca ha tenido reyes o alcaldes que hayan querido ordenar u homogeneizar la ciudad trazando avenidas con un cartabón sobre un plano. En cierta forma, Londres se complace en la tortuosidad.

«Hay que ser consciente de que una ciudad inglesa es una vasta conspiración para desorientar a los extranjeros», explica George Mikes en su clásico *How to be a Brit.* Y prosigue con algunas de las trampas para foráneos:

> Se da un nombre distinto a la calle en cuanto haga la menor curva; pero si la curva es tan pronunciada que crea realmente dos calles distintas, se mantiene un mismo nombre. Por otra parte, si, por error, una calle ha sido trazada en línea recta, debe recibir muchos nombres: High Holborn, New Oxford Street, Oxford Street, Bayswater Road, Notting Hill Gate, Holland Park, etcétera. Dado que algunos extranjeros ingeniosos pueden orientarse incluso bajo tales circunstancias, son necesarias algunas precauciones adicionales. Hay que llamar a las calles de muchas maneras: street, road, place, mews, crescent, avenue, rise, lane, way, grove, park, gardens, alley, arch, path, walk, broadway, promenade, gate, terrace, vale, view, hill, etcétera.

Y el remate:

Se sitúa un cierto número de calles con exactamente el mismo nombre en diferentes distritos. Si se dispone de una veintena de Princes Squares y Warwick Avenues, puede proclamarse sin inmodestia que el lío será completo.

La ciudad es igualmente complicada para los nativos. En Londres son raros los ciclomotores, y los que se ven suelen llevar instalado un atril sobre el manillar para desplegar un mapa. Los personajes reconcentrados que circulan sobre esos vespinos son aspirantes al Conocimiento. *The Knowledge*, el Conocimiento, es la ciencia que deben dominar los aspirantes a taxista para obtener su licencia. Se estima que el prototaxista debe deambular entre seis meses y un año con mapas sobre el manillar para estar en condiciones de pasar con éxito el examen. Uno puede fiarse, por tanto, de los amplísimos y confortables taxis londinenses. Otra cosa son los minicabs, vehículos de serie bastante azarosos—la calidad del servicio es muy variable—pero mucho más baratos que el majestuoso taxi clásico, cuyas medidas se ajustan a antiguos criterios de velada operística: lo bastante altos como para que el caballero no deba quitarse la chistera de la cabeza, lo bastante amplios como para que el vestido largo de la dama no se arrugue.

Londres, inmenso y alambicado, no tiene siquiera unos límites perceptibles. Los interminables suburbios de la ciudad, conocidos en su conjunto como *Metroland*, son también parte de la metrópoli. Se opta, pues, por el eufemismo Central London para referirse a la ciudad *stricto sensu*, y lo demás, desde Southall a Belvedere y desde Enfield a Croydon, queda incluido dentro del amplio concepto *London*.

La diversidad es inagotable. Los pueblos engullidos por el crecimiento del núcleo original, situado en torno a la Torre, han conservado sus características o las han transformado por completo de forma autónoma. En el borde occidental del East End, junto a la City, hay, por ejemplo, calles que parecen importadas en bloque desde Sri Lanka. Ocurrió que para la construcción del aeropuerto de Heathrow fueron empleados miles de inmigrantes de lo que entonces se llamaba Ceilán, y se les alojó en las mismas callejas del este que en siglos anteriores habían recibido a la inmigración irlandesa, judía o rusa. Los ceilandeses, como muchas otras minorías, no sintieron necesidad alguna de adaptarse a su nueva ciudad; por el contrario, hicieron que *su* Londres se adaptara a ellos. Y ahí siguen, con su idioma, su vestimenta, su comercio y sus costumbres, sin que a nadie le parezca ni bien ni mal. Londres no es integradora: en ese caso toleraría mal la diferencia y reclamaría la asimilación. Londres no teme los cambios, ni teme a los extranjeros, ni teme perder una identidad determinada. Es de una indiferencia majestuosa.

Margaret Thatcher colmó la desvertebración natural de la capital británica cuando suprimió, por razones políticas, el siempre laborista Greater London Council (GLC). Desaparecido el único organismo global, durante la larga década ultraconservadora cada uno de los ayuntamientos locales—Westminster, Kensington & Chelsea, Islington y demás—hizo lo que quiso y pudo.

Lo cierto es que los esfuerzos por planificar, en vida del GLC, no siempre dieron buenos resultados. Después de la guerra se intentó aprovechar la devastación causada por las bombas alemanas para reequilibrar la ciudad. Se quiso, por ejemplo, reintroducir la vivienda en un barrio de oficinas como la City, y el resultado fue el complejo residencial Barbican: una auténtica lástima. En cuanto a las viviendas sociales, las llamadas council estates, se optó por repartirlas de forma más o menos equitativa. Barrios ricos, medios y pobres tuvieron que asumir su ración. En el caso de las zonas opulentas, el council estate enclavado entre palacetes no tardó en convertirse en el peor de los guetos. Por supuesto, Thatcher encontró una solución a su medida ideológica para ese tipo de problema: privatizó las viviendas municipales mejor situadas, sus modestos inquilinos compraron a buen precio, revendieron inmediatamente y se marcharon a otros barrios. El gobierno de Tony Blair ha resucitado la coordinación municipal y, con ella, la figura del alcalde de Londres. Pero es dudoso que las nuevas instituciones puedan alterar de forma significativa el inconexo y variable microcosmos londinense, tan egoísta, injusto y tenaz como la naturaleza misma.

El barrio de Alberto

Mi barrio, South Kensington—abreviado como South Ken entre los lugareños—, resultó ser, junto al lujoso Belgravia, uno de los pocos que se construyeron sobre plano. Si Belgravia se edificó creando cuadrados de respetuoso espacio libre—los squares—en torno a las residencias aristocráticas y de la gran burguesía, South Ken creció alrededor de museos, como plasmación de los sueños del príncipe Alberto, un alemán ilustrado, triste y conservador.

Francisco Alberto Augusto Carlos Manuel de Sajonia-Coburgo-Gotha nació en 1819 en el ducado familiar de Sajonia-Coburgo. Su padre, el duque Ernesto, un tipo fanfarrón y despótico que nunca logró calcular con exactitud el número de sus vástagos ilegítimos, se había casado ya mayor con una aristócrata de 16 años que, tras darle un par de herederos, se fugó a París con un oficial del ejército y murió poco después. La infancia de Alberto quedó íntimamente dañada por esa opereta trágica, seguida de un solitario peregrinaje por academias, palacios y universidades de toda Europa.

El matrimonio con su prima Victoria fue el resultado de una trabajosa negociación entre las cancillerías de las potencias continentales, pero, contra cualquier pronóstico razonable, se convirtió en una historia de amor. «Es la perfección, perfección en todos los sentidos, en belleza, en todo», anotó ella en su diario el 15 de octubre de 1839, pocos meses antes del enlace. Alberto era guapo, melancólico, culto y ordenado. El perfecto consorte para una reina bajita, colérica y tremendista, aupada sobre el trono más poderoso del planeta. Victoria le quiso ferozmente.

Los años de Victoria y Alberto fueron los más gloriosos de Londres, que jamás vivió nada comparable a la Exposición Universal de 1851. La tecnología más avanzada y las mejores manufacturas británicas convivían, bajo el portentoso Crystal Palace erigido en Hyde Park, con lo más exótico del imperio (un trono enteramente tallado en marfil o el enorme diamante Koh-i-Noor, encerrado en una jaula como un pájaro de luz), los inventos más peregrinos (una cama que despertaba a su ocupante catapultándolo a una bañera de agua fría) y lujos poco usuales en un recinto público, como una fuente que manaba agua de colonia.

La Exposición fue una idea personal de Alberto. Decenas de caricaturas de la época le representaron pidiendo limosna para financiar su proyecto, en el que pocos creyeron al principio. Algunas de las críticas eran tan duras como delirantes, y procedían de lo más granado de la alta sociedad londinense y de figuras extranjeras tan influyentes como el rey de Prusia, un pariente de Victoria y Alberto que temía, entre todos los males, que los «rojos socialistas» aprovecharan la confusión del acontecimiento para asesinarle durante una de sus frecuentes visitas a Londres. El príncipe consorte le remitió la siguiente carta:

> Los matemáticos han calculado que el Palacio de Cristal se hundirá en cuanto sople un vendaval, los ingenieros dicen que las galerías se vendrán abajo y aplastarán a los visitantes; los economistas políticos predicen una escasez de alimentos en Londres por la vasta afluencia de foráneos; los médicos consideran que el contacto entre tantas razas distintas hará renacer la peste negra medieval; los moralistas, que Inglaterra se verá infectada por toda la escoria del mundo civilizado e incivilizado; los teólogos aseguran que esta segunda Torre de Babel atraerá sobre sí la venganza de un Dios ofendido.
>
> No puedo ofrecer garantías contra ninguno de estos peligros, ni me siento en posición de asumir responsabilidad alguna por las amenazas que puedan pesar sobre las vidas de nuestros reales parientes.

El príncipe reunió el dinero, dirigió las obras y el programa, evitó infecciones, hambrunas, atentados y venganzas divinas y, además de impresionar a los londinenses y al mundo entero—el Crystal Palace fue uno de los primeros grandes fenómenos turísticos—, hizo del acontecimiento un negocio muy rentable. Con los beneficios alcanzados gracias a los más de 700.000 visitantes que pagaron entrada (casi seis millones se limitaron a contemplarlo desde el exterior), se acometió la urbanización de lo que hoy es el nudo South Kensington-Knightsbridge y era entonces un área suburbial de cuarteles y prostitución.

Victoria y Alberto consideraban, sin duda, que aquel era su barrio. Ella había nacido, como vástago de una línea dinástica secundaria, en el palacio de Kensington, un edificio discreto y proporcionado—cualidades ambas poco frecuentes en el universo de la realeza británica—que actualmente sirve para albergar a *royals* a la espera de promoción, como Carlos y Diana tras su matrimonio y antes de los desastres posteriores, o a subalternos poco molestos, como los indescriptibles duques de Kent. Alberto quiso transformar Kensington en el epicentro de un Londres moderno, rico, prudente y casto, un Londres espacioso y con agua corriente. Su preocupación por el saneamiento urbano acabó resultándole fatal: murió en 1861, prematuramente envejecido por la actividad febril con la que trataba de compensar el vacío de su función como consorte, de resultas de un tifus contraído cuando inspeccionaba, para reformarlas, las cloacas de la Torre de Londres.

La reina viuda se refugió en el luto, el whisky escocés (fue ella quien lo puso de moda frente al irlandés, más prestigioso por entonces) y los palafreneros de confianza. Y South Kensington quedó consagrado al espíritu de Alberto. El príncipe había soñado con edificios de piedra y ladrillo para un barrio sin contaminación (eran más prácticas las fachadas de estuco, sobre las que se podían blanquear una y otra vez las costras del *smog*), y de acuerdo con sus gustos se construyeron el Royal Albert Hall, la Royal Geographical Society y el imponente Natural History Museum.

Lo prematuro y repentino de su muerte, sin embargo, le impuso al pobre Alberto un castigo adicional al de la desaparición física. Falleció antes de conseguir que se descartara un proyecto de monumento a su persona con el que, según sus propias palabras, había de sentirse «permanentemente ridiculizado». Y, cuando él ya no podía impedirlo, Victoria le erigió el Albert Memorial, un caso grave de arquitectura lisérgica. Alberto permanece, para la posteridad, incómodamente semisentado en una garita neogótica y multicolor de 53 metros de altura, con un catálogo de la Exposición en la mano y flanqueado por cuatro bestias con las que los aduladores de la reina viuda quisieron simbolizar los confines de un mundo que se confundía con el imperio: el camello africano, el bisonte americano, el elefante asiático y la vaca europea.

En fin. El Memorial tiene sus admiradores, pero al pasar junto a él no puedo reprimir un sentimiento de piedad hacia un hombre que no merecía eso.

Ritos de la pequeña Francia

South Kensington, SW7 en la jerga postal, es conocido entre los locales como Little France, la Pequeña Francia. En sus calles radican el Instituto Francés, la escuela francesa y la librería francesa. Sospecho, sin embargo, que el calificativo tiene más que ver con el comercio que con las instituciones: en la zona abundan los restaurantes franceses y las pastelerías francesas, muy especialmente la célebre Valèrie (filial aventajada de la Valèrie del Soho), cuyos riquísimos cruasanes podrían competir con los parisinos con un cuerno atado a la espalda. Little France es considerada, paradójicamente, como un tarro de esencias londinenses por los turistas que visitan sus tiendas y museos (e incluyo los almacenes Harrods entre estos últimos).

Aunque la gran arteria comercial es Brompton Road, el auténtico nervio del barrio es la mucho menos aparatosa Old Brompton Road: atención a la sutil diferencia. Como detalle anecdótico, en esa calle se refugió el lunático Syd Barret al abandonar Pink Floyd (en concreto, en la primera casa junto a la estación de metro, un edificio triangular). También en esa calle ocurrió el accidente de tráfico que inspiró la canción de los Beatles «A day in the life».

Old Brompton es *mi calle*. Cuando Londres me abruma, me refugio en Old Brompton. Allí empecé a establecer mis rutinas de recién llegado y allí, durante años, he celebrado cada sábado uno de mis rituales más queridos. Compro el *Sporting Life* y, cómodamente instalado en el Zetland Arms ante una pinta de cerveza, examino cuidadosamente el historial, las características, los nombres y los colores de los jinetes y caballos que compiten en cada hipódromo.

Aposentados en la penumbra de un pub, parece apropiada una digresión sobre las cervezas. La lager, es decir, la rubia continental, es ahora la más consumida: es más fresca, tiene más alcohol y un sabor más fácil que las ales inglesas. Triunfa especialmente la llamada *strong lager*, la favorita de los *yobs* (los jóvenes más o menos gamberros y más o menos violentos) y de cualquiera que desee una embriaguez rápida y peleona. Yo, sin embargo, soy muy partidario de la ale, denominación que engloba a la ale propiamente dicha y a la bitter (amarga), que son casi lo mismo, pero no del todo. La ale y la bitter son el producto de una infusión brevemente fermentada con un lúpulo muy potente, carecen de gas, se beben a la temperatura ambiental (suena poco apetecible, pero hay que intentarlo y perseverar) y resultan suaves, digestivas y llenas de matices. Entre las ales londinenses, las más conocidas y recomendables son London Pride y Chiswick Bitter, ambas de Fuller Smith, una *brewery* clásica de Fulham, a poca distancia de Kensington. También se pueden encontrar la ESB y la Young Bitter fabricadas localmente.

Hay unas 700 cervezas distintas en Inglaterra, pero es casi imposible encontrar más de seis o siete grifos en cada pub. Ello se debe a que los grandes fabricantes han comprado todos los pubs—o prácticamente todos: creo que en Londres sólo quedan tres *landlords* independientes—y procuran limitarse a servir su propio producto. Afortunadamente, la Camra (Campaign for the Real Ale), un grupo de presión un poco hortera pero muy necesario, logró que se promulgara una ley por la cual cada pub debe servir al menos dos cervezas *invitadas* de otros fabricantes, que normalmente varían cada mes. Entre las ales más comunes, destacan la Tetleys (como la marca de té), la Directors (la preferida en el palco de Lords, la catedral de ese enigmático deporte llamado críquet), la Theakston, la Flowers y la 6X. De las clases especiales, valen la pena la *strong porter* embotellada de Samuel Smith (una variación de la vieja *porter* negra de los arrieros londinenses, reforzada en grado para que soportara bien el viaje marítimo hasta la corte del zar de Rusia) y la tostada de Newcastle. Queda al margen la celebérrima Guiness, sobre la que hay que hacer una advertencia: la que se expende en Londres es, salvo raras excepciones, de menor calidad que la irlandesa, ya que suele estar pasteurizada.

Una nota adicional sobre los pubs. La gran mayoría de ellos están decorados en *mock victorian*, ese kitsch de maderas oscuras, alfombras y latón que suele fascinar a los extranjeros. Pero el envoltorio no es lo que define un buen pub: los hay excelentes, como el Coach and Horses del Soho, amueblados de forma contemporánea (si esa palabra sirve en un país intemporal como Inglaterra). Lo esencial está en otros factores, concretos (la calidad y conservación de la cerveza, la calidad y conservación del patrón, la calidad y conservación de los parroquianos) e inconcretos (la fresca oscuridad matutina, el polvo y el murmullo levemente depresivos del arranque vespertino, el bullicio de las cinco, la luz amarilla y la tensión alcohólica por la noche).

Pues bien, estábamos en el Zetland Arms repasando las carreras del día, con la pinta junto al periódico. Una vez hecha la selección, para la que suelo guiarme por criterios tan científicos como el nombre del caballo y los colores de la camisola del jinete, entro en el cercano garito de la cadena William Hill—mi preferida, y también la de la reina madre, que dispone en su habitación de un teléfono directo con la central para hacer sus apuestas en el último segundo—e invierto cuatro o cinco libras. Siempre muy poco, porque las carreras de caballos—*gee-gees*, en la jerga del negocio—pueden ser de mucho vicio. Generalmente pongo una libra a ganador y otra a colocado (una *each way*), lo que, sobre el papelito azul, una vez especificados el caballo, el hipódromo y la hora de la carrera, queda, por ejemplo, en una fórmula como la siguiente:

£1 e/w Segala York 16,15

Segala, por cierto, es un precioso caballo negro con un hándicap muy mediocre que me ha dado varias alegrías.

Cuento todo esto por si alguien se anima. Incluso sin acercarse al hipódromo, viendo la carrera en el monitor de un garito lleno de humo, toses y papeletas arrugadas, los *gee-gees* constituyen un emocionante entretenimiento para aristócratas y canallas. Los dos extremos de la escala social son, por cierto, lo interesante de esta isla políticamente incorrecta, hecha para señores y siervos. De un lado, nobles carcas y disolutos, eximios *scholars* de Oxford y Cambridge, financieros sin escrúpulos, la clarividente aristocracia profesional—economistas, abogados, periodistas, arquitectos—, los mandarines de la función pública; del otro, *hooligans*, fontaneros incapaces, parados de larguísima duración, campeones en el lanzamiento de dardos y en el consumo de pintas, gente feliz en su cerrazón patriotera que lee el *Sun* y el *Mirror.* Todo ese personal interesante, elites y lumpen nativo—los no nativos, asiáticos y demás, no cuentan: no sienten respeto por las tradiciones, trabajan y prosperan por su cuenta—, se distingue porque alivia sus necesidades en el *loo*, en el retrete. Las clases medias hablan de *toilet*: eufemismos, inseguridad menestral.

Mi ritual sabatino se completa con una visita a la sala de exposiciones de Christie's, la más antigua casa de subastas de Londres, cuya sucursal de *rarezas* está situada en la misma Old Brompton. Aunque la mayoría de las cosas son caras, verlas merece la excursión. Uno puede contemplar, sin pagar entrada, los objetos más bellos y dispares: una colección de juguetes antiguos, una guitarra de Jimmy Hendrix, un daguerrotipo insólito o unas sillas *chippendale.* Y también se puede comprar, aun disponiendo del presupuesto más exiguo. Por unas 10.000 pesetas, Lola adquirió en una subasta una chaqueta de cachemir negro que perteneció a Peter Sellers y que ella aún utiliza, y un autógrafo de Charles Chaplin—una de mis debilidades personales—sobre un viejo billete de una libra. Todo es sentarse, disfrutar del espectáculo (las pujas anónimas por teléfono, los abogados, las señoras elegantes) y aprovechar la ocasión si se presenta.

Cuando me instalé en Londres, el presidente de Christie's era Peter Alexander Rupert Carrington, sexto barón Carrington de Bulcot Lodge, Lord Carrington para entendernos. Vivía en el barrio, en una mansión señorial que en lugar de jardín tenía un huertecito que cultivaba personalmente, y conversé una vez con él por motivos de trabajo: fue una auténtica suerte conocer a un hombre tan sabio y tan encantador. Acababa de asumir, en 1991, la presidencia de la Conferencia de Paz de Yugoslavia—un auténtico fiasco—y tenía tras sí una carrera política apabullante: había sido ministro con Winston Churchill, presidente del Partido Conservador, primer Lord del Almirantazgo, comisario británico para Australia, jefe de la Cámara de los Lores, jefe de la oposición, ministro de Asuntos Exteriores y secretario general de la OTAN. Era flemático y despistado como un personaje aristocrático de P. G. Woodehouse, y una anécdota que él mismo ha contado muchas veces le retrata a la perfección. Ocurrió en Londres, durante un banquete en honor del líder soviético Nikita Jruschov. «Dígame, señor... Brimlov», le preguntó a su vecino de mesa, tras echar una brevísima ojeada al tarjetón sobre su plato, «¿trabaja usted en la Embajada de la URSS?». «No, señor», fue la respuesta. «Mi nombre es Brimelow, mi familia ha vivido en Worcestershire durante los últimos mil años y trabajo con usted, en un despacho contiguo al suyo, en el Foreign Office».

Lord Carrington era uno de los vecinos ilustres del barrio de South Ken.

El jardín de Peter

Los parques son el gran éxito del suroeste de Londres. Hay muchos en la ciudad, pero, salvo Regents y el distinto, distante e inmenso Richmond, ninguno resiste la comparación con el dúo Hyde Park-Kensington Gardens. Hyde y Kensington son contiguos y no hay nada que los separe (la teórica línea divisoria se traza en los mapas a partir del Albert Memorial), pero no son iguales. Hyde es más amplio, más silvestre y tiene un cementerio de perros (junto a Victoria Gate) y un río auténtico: la Serpentine no es un lago artificial, sino el Westbourne, un afluente del Támesis que nace en las alturas de Hampstead. El Westbourne, como otras corrientes fluviales de Londres, fue soterrado entre los siglos XVII y XVIII para evitar su hedor—no había otra cloaca—y ahora sólo asoma brevemente el lomo en la Serpentine. Kensington dispone del lujo de la Orangerie, una terraza para estetas, y no es exactamente parque, sino, como su propio nombre indica, jardín. Es un vestigio de un Londres en el que una de las ocupaciones del caballero consistía en pasear con garbo, y conserva un espíritu discreto y elegante.

Hyde y Kensington son melancólicos en invierno, restallan de verdor en primavera y son en otoño hermosos como una niñez perdida. Aunque en el siglo V algunas tribus sajonas se instalaron por un tiempo en aquel paraje, a una prudente distancia de la Londinium romana, ya sin legiones pero para ellos inquietante en su trajín urbano, los parques gemelos han permanecido desde entonces libres de asentamientos humanos, ya como coto real de caza, ya como reserva de vegetación, aves y almas errantes.

Si hubiera que elegir, yo me quedaría con Kensington Gardens. Probablemente porque en los jardines transcurre la historia de Peter Pan, el héroe imposible cuya estatua se alza junto a la Serpentine.

La historia puede comenzar en un banquete de Nochevieja, el que despedía el año 1898. Sylvia Llewellyn Davies, hermosa como de costumbre, un poco gruesa por el embarazo, se sentó a la izquierda de su circunspecto esposo. Junto a ella, al otro lado, tomó asiento un caballero bajito y de aspecto aniñado que no le era del todo desconocido. Resultó ser un tal James Matthew Barrie, escocés, periodista y aspirante a escritor. Como los Davies, vivía en Kensington: ellos residían cerca de Bayswater, en el 31 de Kensington Park Gardens, una hermosa mansión de estuco victoriano cuyo aspecto exterior es exactamente el mismo hoy que entonces; él acababa de alquilar un apartamento en el 133 de Gloucester Road, hoy un bonito *cottage.* Y alguna vez se habían cruzado por el parque, ella con sus niños, él con su san bernardo Porthos. Intimaron durante aquella cena, y a las 12 brindaron alegremente por un feliz 1899. A ella había de traerle un nuevo hijo, al que de ser chico—sería ya el tercero—bautizaría con el nombre de Peter. Barrie había de publicar su primer libro, una recopilación de cuentos escoceses que pensaba titular *Auld licht idylls.* Un brindis por Peter. Un brindis por los cuentos.

Barrie se acostumbró a acompañar a Sylvia en sus paseos por Kensington Gardens, y estableció una estrecha, compleja y duradera relación con los Davies, hasta el punto de ser nombrado tutor de los niños en el caso de que la pareja muriera. El hijo mayor de Sylvia, George, con cuatro años, se encariñó de inmediato con aquel señor capaz de mover las orejas y muy bien informado sobre ciertos piratas y sobre las hadas y duendes que, en secreto, vivían en el parque. Barrie mantuvo toda su vida una devoción profunda y atormentada hacia el pequeño George: sólo en su diario íntimo fue capaz de insinuar una pulsión pedófila que nunca se tradujo en hechos.

George aprendió gracias a Barrie que antes de nacer los niños eran pájaros, y que mantenían durante algún tiempo la capacidad de volar. George ya no podía, porque al crecer pierde uno facultades. Pero el pequeño Peter, a bordo de su cochecito, sí era capaz de salir volando cualquier día. Peter se convirtió pronto en el héroe de las historias que Barrie y George se contaban uno a otro. Cuatro años después, en 1902, J. M. Barrie publicó su novela *El pajarito blanco*, tejida con los cuentos del parque. En ella aparecía por primera vez Peter Pan, el niño que no quiso crecer.

El Peter Pan inicial cargaba con la amargura infantil de Barrie: la muerte de su hermano David, que ya no creció y fue niño para siempre en el recuerdo de la madre, mientras James era enviado a un colegio; cargaba también con los esfuerzos de James por *ser* David, el amado niño difunto. Peter Pan era «el niño trágico», el que «llamó, madre, madre, pero ella no le oyó; en vano golpeó contra las rejas de hierro. Tuvo que volar de regreso, sollozando, a los jardines. Y nunca más volvió a verla».

Aquel era un Peter Pan condenado a ser niño por el olvido materno. Vivía en el islote de los pájaros, en la Serpentine del parque—el islote y las aves siguen ahí todavía—, en un nido construido con un billete de cinco libras que había perdido el poeta Shelley, y de vez en cuando, cuando otro niño se perdía y moría de frío por la noche, se encargaba de «cavar para él una tumba y erigir una pequeña lápida». Peter Pan, sepulturero, desnudo, solitario, con una edad de siete días para siempre.

La obra teatral, estrenada en 1904, cambió las cosas.

Peter Pan había crecido un poco, al igual que los niños Davies, George, Jack y Peter. El aspecto externo del nuevo Pan mostraba algún parentesco con el Puck shakespeareano. Y había superado sus problemas. Ya no echaba en falta a su madre; es más, no sentía cariño alguno por esos personajes sobreprotectores y autoritarios. Y contaba por ahí que había volado de su casa para siempre cuando oyó hablar a sus padres «sobre lo que yo iba a ser cuando me convirtiera en un hombre. ¡Yo no quiero ser un hombre! Yo quiero ser un niño y pasármelo bien. Así que me fui a Kensington Gardens y viví con las hadas durante mucho tiempo».

¿Cómo no iba a enamorarse Tinker Bell, la diminuta hada personal de Peter, de aquel tipo egoísta, divertido, irresponsable y desmemoriado? Cuanto más la ignoraba Peter, más le amaba ella. El muy canalla se permitía incluso traer amiguitas, como Wendy, a Neverland, el País de Nunca Jamás, seguro como estaba de que «siempre tendré a Tink».

(El nombre *Wendy*, bastante popular desde hace muchos años en los países anglófonos, lo inventó Barrie. No es más que la deformación de la palabra *friendy*—amiguito—según la pronunciaba la niña Margaret Henley, otra de las acompañantes del escritor y de su perro Porthos en los paseos por Kensington Gardens.)

El archienemigo de Peter Pan, anarquista ignorante y feliz, no podía ser otro que el atildado capitán Hook. «Desde luego, Hook [Garfio] no era su verdadero nombre; revelar su auténtica identidad podría causar, incluso ahora, un gran escándalo en el país». Baste saber que Hook, circunstancialmente jefe de los piratas de Neverland, había cursado estudios en el selecto colegio de Eton y que hacía gala de una exquisita educación. Sabía elegir el vestuario adecuado para abordar los buques enemigos y, llegado el momento de la matanza en cubierta, cambiaba otra vez de atuendo.

Hook era un hombre perseguido por un cocodrilo que hacía tic-tac, obsesionado por su propia imagen y —pobre mortal—interesado en que el mundo guardara recuerdo de su gloria. Peter Pan le dio su merecido, acabando con él en singular combate. Y muchos años después—en el fragmento *Cuando Wendy creció*—le remató con suprema elegancia: «¿Quién es el capitán Hook?», dice Peter. «¿No te acuerdas de cómo le mataste y salvaste nuestras vidas?», pregunta Wendy. «Los olvido después de matarlos», responde Peter con desgana.

La última noticia de Peter Pan se hizo pública el 22 de febrero de 1908, fecha en que se representó por primera vez el epílogo *Cuando Wendy creció*. Peter volvió muchos años después a buscar a Wendy—a la que consideraba ya *su madre*—, pero Wendy había crecido; sin mayores problemas se fugó unos días con Jane, la hija de Wendy. Cuando Jane creció, frecuentó a la hija de ésta, Margaret. Y así hasta hoy.

Desde 1913, cada 24 de diciembre se representa en Londres la obra teatral. Y el Parlamento de Westminster tomó en 1988 la excepcional medida de prolongar eternamente los derechos de autor de la obra, que por deseo de Barrie revierten en el Hospital para Niños Enfermos de Great Ormond Street.

Arthur Davies falleció en 1906. Barrie se hizo cargo, económicamente, de Sylvia y de los niños. En 1910 murió también Sylvia y el escritor se quedó a solas con unos muchachos que crecían y abandonaban uno a uno el hogar. George murió en 1915, a los 22 años, en una trinchera de la Primera Guerra Mundial. Se le encontró en el bolsillo una carta de Barrie con noticias de Peter Pan. El *otro* Peter, Peter Llewellyn Davies, quedó inválido poco después por una herida de guerra. El más pequeño de los Davies, Michael, se ahogó en 1921. J. M. Barrie murió el 19 de junio de 1937.

Quedan Peter Pan y los jardines.

El dios del sentido común

El norte de Europa es protestante; el sur, católico; el este, ortodoxo. Esa simplificación más o menos burda se hace imposible en las brumosas islas occidentales, aunque Escocia sea muy protestante—mayormente presbiteriana—e Irlanda muy católica, con los condados norirlandeses como zona de fricción entre ambas religiones. ¿Cuál es la religión de Inglaterra? La iglesia anglicana fue instituida por razones políticas—el absolutismo renacentista de Enrique VIII—y jamás formuló objeciones doctrinales de importancia contra el catolicismo. La diferencia entre ambas fes se limita a una antigua cuestión de poder terrenal: la obediencia al papa o al rey. Yo suponía que, al cortar el cordón umbilical con el Vaticano y al haber importado dinastías reales estrictamente protestantes, como los Orange holandeses y los Sajonia-Coburgo alemanes, Inglaterra se había decantado por la reforma luterana. Sin embargo, me intrigaba que la estructura social y los valores de referencia—cuna o mérito, autoridad o trabajo, campo o ciudad—hubieran permanecido más bien en el ámbito católico.

Hablé de ello, durante un viaje en taxi, con Miguel Ángel Bastenier, un periodista muy versado en historia, que estudió en Inglaterra y sostiene desde entonces una curiosa relación de amor y odio con el país.

—¡Católicos, amigo mío, católicos!—exclamó. Los ingleses son católicos disfrazados. La High Church, ésa es la clave.

Bastenier conoce a la perfección la sociedad inglesa. Es también un hombre que piensa en términos geopolíticos (algo cada vez más inusual en el periodismo de la inmediatez) y que ha optado, geopolíticamente, por el bando católico y continental de Europa.

Aun exagerando, tenía razón: los anglicanos están mucho más cerca de los católicos que de los presbiterianos o los metodistas. Son, digamos, católicos que se ahorraron la contrarreforma, el retorcimiento barroco y la pesadez de algunos papas, con el resultado de una religión flexible ante los cambios sociales y poco exigente con los fieles. El anglicanismo es casi una religión de circunstancias, que ha contribuido de manera inestimable a la tolerancia de la sociedad inglesa.

El mismo tema de conversación surgió, por razones que se me escapan, mientras orinaba junto a Alexander Chancellor en los servicios del diario *The Independent*. Chancellor, una gran figura del periodismo británico, escribía una celebrada columna semanal y dirigía el suplemento en color.

—La Iglesia Anglicana—dijo Chancellor, con su acento de Cambridge y su habitual estilo declamatorio—es una institución pensada para gentes con temperamento religioso, pero sin fe. Puro sentido común. Ideal para Inglaterra. Excelente institución.

Cuando el Sínodo General de la Iglesia de Inglaterra aprobó, en noviembre de 1992, la ordenación sacerdotal de las mujeres, dediqué varios días a la controversia teológica. El Palacio de Lambeth, sede central anglicana, era un revuelo permanente. Partidarios y detractores de la medida discutían en corrillos, con las consortes—los sacerdotes anglicanos pueden casarse—curiosamente decantadas hacia el bando del «no»; obispos, lores y subsecretarios—la iglesia anglicana aún forma parte del sistema político—llegaban y se iban en sus cochazos oficiales; grupos de monjas entonaban himnos acompañándose a la guitarra, y medio centenar de señoras aspirantes a celebrar misa permanecían en vigilia con velas encendidas a las puertas del palacio. Aquello venía ser como un cóctel de *Sor Citroen, Las sandalias del pescador* y *Sí, ministro.*

Uno de los miembros del sínodo, John Gummer, devoto mariano y a la sazón ministro de Agricultura, tomaba parte activa en todas las discusiones.

—La Iglesia de Inglaterra nunca ha sido protestante, siempre se ha declarado católica y reformada. Nosotros somos la iglesia católica de Inglaterra, nosotros somos los depositarios de la fe histórica—me explicó.

Gummer era el hombre bajo cuya autoridad ministerial se cocía en aquel momento el escándalo de las vacas locas. Poco después, cuando se hicieron públicos los primeros casos de encefalopatía y se comprobó que la idea de alimentar a las reses con los restos de animales muertos—convirtiéndolas en carnívoras—podía ser rentable para los ganaderos pero letal para los consumidores, John Gummer posó ante los fotógrafos alimentando a su hija con una hamburguesa. Un hombre de fe, indudablemente.

El ministro había votado contra el sacerdocio femenino. Para él, como para muchos anglicanos, aquel fue el momento de despejar ambigüedades: si había que elegir, la Verdad con mayúscula estaba del lado de Roma. Por más que el papa hubiera sido durante siglos un objeto de mofa, por más que la jerarquía vaticana siguiera siendo considerada como enemiga de Inglaterra, Dios era trino,

Jesucristo había nacido de virgen y en el último día la carne iba a resucitar como paso previo al Juicio Final.

Muy cerca de casa, en dos templos que se dan la espalda, encontré las dos caras de una misma moneda. El reverendo Michael Harper, párroco anglicano de la Holy Trinity, un edificio neogótico de piedra rojiza semioculto en los jardines de Cottage Place—un rincón que recomiendo vivamente—, me expuso argumentos muy similares a los de Bastenier. Las clases altas inglesas se habían mantenido siempre dentro del catolicismo, aunque formalmente renunciaran al papismo. Eso, el catolicismo dentro de la iglesia anglicana, era la High Church. Cuando le pregunté si él era católico, Harper me respondió que sí. Estaba a favor del sacerdocio femenino, apreciaba la espontaneidad de los rituales afrocaribeños y le repugnaban el boato y el secretismo vaticanos, pero era católico.

—Todos mis fieles son católicos, aunque la mayoría no lo sepan—agregó.

El reverendo Harper señaló con el pulgar hacia su espalda, hacia la mole gris que se interponía entre su vicaría y Brompton Road, e hizo un último comentario.

—Nadie posee la razón ni la verdad. Pero ellos viven más tranquilos. Y no necesitan al papa para tener el poder terrenal.

Ellos, la congregación que se reunía en la gran mole gris, eran los católicos del Brompton Oratory, uno de los templos más ricos de Inglaterra. En el Brompton Oratory no aprecian las medias tintas: cada domingo hay misa cantada en latín y un gran retrato del papa preside la vicaría. El edificio, contiguo al museo Victoria & Albert, fue erigido a finales del siglo XIX tomando el barroco italiano como modelo para los interiores, con el propósito expreso de que quienes no pudieran visitar el

Vaticano se sintieran «como si estuvieran allí». El Brompton Oratory acoge indistintamente en sus misas a miembros de la fe católica y de la High Church, y celebra las bodas más relevantes de la ciudad. Cada domingo hay espectáculo en la escalinata: aristócratas, millonarios, chaqués y Rolls plateados. Efectivamente, el poder terrenal se concentra allí.

Langostas de Chelsea

Justo enfrente del Brompton Oratory, entre Knightsbridge y Chelsea, encerrado en el triángulo Brompton Road-Sloane Street-Draycott Avenue, o sea, detrás de mi casa, hay un pedazo de Holanda. Es uno de esos pliegues del espacio-tiempo en los que la ciudad parece cambiar de rostro y de época. Una arquitectura estrictamente protestante, importada de Amsterdam por el constructor Ernest George tras un viaje al continente, define una de las zonas más armónicas, discretas, bellas y caras de Londres. Guardo una vieja fotografía de Lola en una de las calles del triángulo, tomada en nuestro primer viaje juntos a Inglaterra. Recuerdo que mientras yo trataba de averiguar dónde estaba el botoncito de la cámara, ella monologaba sobre lo feliz que sería allí y, como de costumbre, imaginaba ya placenteras rutinas de residente: tomaría un café en tal sitio, pasearía por tal acera, compraría unas flores en tal esquina... Yo, mientras, ejercía el inhabitual papel de cónyuge sensato y, condescendiente, meneaba la cabeza:

—¿Y de qué viviríamos? ¿Del aire?

La coherencia me caracteriza.

Lo cierto es que Beauchamp (pronúnciese algo así como «bícham»), Pont, los múltiples streets, squares, gardens y demás llamados Cadogan y el igualmente variado surtido de vías públicas apellidadas Lennox son una estricta maravilla de estuco y ladrillo rojo, al margen de que acojan las boutiques más lujosas, los restaurantes con mayor concentración de famosos por mantel cuadrado—es paradigmático el San Lorenzo—y los millonarios más dudosos. Son calles para pasear un domingo por la mañana, cuando desaparece la multitud que merodea en torno a Harrods y el acceso a Chelsea desde Knightsbridge queda expedito.

Chelsea siempre está de moda. Desde Oscar Wilde (detenido por homosexualidad en el Cadogan Hotel de Sloane Street) hasta Vivianne Westwood (*boutique* en King's Road), pasando por los Rolling Stones (Jagger y Richards se establecieron en Cheyne Walk en cuanto se hicieron millonarios) y los Sex Pistols (creados por Malcolm McLaren en su almacén de King's Road), Chelsea ha mantenido durante todo el siglo XX una población altamente *cool*.

Es un barrio que me produce impresiones contradictorias. En Sloane Square, por ejemplo, están los almacenes Peter Jones, una sólida institución interclasista que, a diferencia de otros emporios comerciales, sirve para comprar, no para mirar. (El edificio acristalado de Peter Jones, de los años treinta, es, por alguna razón, muy admirado por los arquitectos y la gente de gustos refinados.) Un punto a favor. Pero Sloane Square es también el núcleo geográfico de las *sloane rangers*, una denominación que engloba de forma aproximada a las chicas más pijas e intelectualmente más desfavorecidas de Londres. (Diana Spencer era *sloane ranger* antes de ser princesa, mártir y aspirante a santa.) Un punto en contra.

La inmarcesible Julie Christie vive en Chelsea. Pero los protagonistas del mayor desfile mundial de *armanis* y *ferraris*, en días laborables, y de *barbours* y *range-rovers*, en fin de semana, viven también en Chelsea.

El periodista Hugo Young, autor de la biografía canónica de Margaret Thatcher (*One of us*) y tótem de la prensa progresista, reside en Cheyne Walk, el elegante paseo junto al río, y en una ocasión me expuso su punto de vista sobre las gentes de Chelsea.

—Chelsea es un milagro de la razón y de la cordura—me explicó Young—. Mírelo de esta forma: en Chelsea vive gente muy, muy rica, pero eso no impidió que las tiendas *punk* más escandalosas se instalaran aquí; Chelsea vota siempre a los conservadores, pero las bodas más excéntricas se celebran en nuestro ayuntamiento. Cuando alguien acumula muchísimo dinero o muchísima celebridad y pierde el mundo de vista, se instala en una mansión en Surrey y se rodea de parques privados a la medida de su delirio de grandeza. Pero supongamos que ese multimillonario recupera el sentido y se harta de vivir aislado como un gilipollas entre estatuas, helipuertos y guardaespaldas. En ese caso, que fue por ejemplo el de Eric Clapton, vuelve a Chelsea y, asumiendo las limitaciones que impone el maremágnum urbano, asume sus propios límites. Chelsea es la opción razonable de la gente que podría permitirse no serlo.

Terence Conran hizo revivir el diseño británico con la cadena de tiendas para el hogar Habitat, la primera de las cuales fue instalada en King's Road, y se dedicó posteriormente a revolucionar la hostelería londinense con *macrobrasseries* como Quaglino's o multirrestaurantes como los de Le Pont de la Tour. Pero el hoy baronet Conran dejó, creo yo, su mejor creación en un rincón de Chelsea. El edificio existía ya como taller de automóviles, pero el viejo establecimiento de la firma de neumáticos Michelin hubiera sido demolido sin la intervención del diseñador, que lo convirtió en un coqueto conjunto de bar, restaurante y tienda de muebles. Junto a la entrada del Bibendum—que así se llama el establecimiento—solía instalarse un vendedor de langostas y yo le compraba un par en cuanto tenía ocasión. Las langostas eran correosas y me sentaban mal, pero le daban una cierta alegría al lugar, un aire—muy falso, muy reconfortante—a mercado parisino, y el montón de crustáceos acabó pareciéndome un fugaz monumento al diseño londinense. Me desasosegaba la idea de que el langostero se llevara su carrito a otra parte y le sustituyera, horror de los horrores, uno de los 1.500 millones de vendedores de camisetas para turistas.

La colina voraginosa

El Aleph existe. Está en la parte baja de la página 59 de la guía urbana AZ, segunda edición de 1990. Lo que en el plano aparece como una espiral de calles en torno a Notting Hill es, en la realidad, un *maëlstrom* de crescents, gardens, places, rises y roads que engulle en su laberíntica vorágine todos los Londres, todos los mundos posibles. El ángulo noroeste de Kensington Gardens contiene un palacio real, un mercadillo célebre, un barrio de millonarios, unas cuantas áreas sórdidas, la autopista A-40, varios restaurantes de lujo y decenas de antros, tiendas carísimas y casas de empeño, cientos de hoteles turísticos y un caleidoscopio étnico y lingüístico. Se ha convertido también, ay, en barrio emblemático de los nuevos ricos del nuevo laborismo.

El signo del Aleph, ese mito borgiano en el que todos los acontecimientos del universo ocurren simultáneamente en un mismo punto, concentra sobre la pequeña colina de Notting una tremenda tensión, una trama de fuerzas opuestas que generan vida, bullicio, creación y, ocasionalmente, explosiones de violencia.

A la intensidad del ambiente se unió, en mi caso, la intensidad de la experiencia personal: mi dentista vivía por allí. Durante una época tuve que hacer reformas de cierta importancia en mi cavidad bucal y acudía a la consulta cada lunes, consolado en mi dolor por la impresión de que la anestesia me confería un cierto caché oceánico. Esta creencia procedía de una de las primeras sesiones, cuando, al salir de casa del dentista con las quijadas dormidas, pasé ante un newsagent y vi una noticia que me interesó en la portada de *The Guardian*. Entré, me acerqué al mostrador y dije algo que debió sonar más o menos así:

—Bababa, bí.

El quiosquero, sin el menor gesto de duda, me entregó un ejemplar de *The Guardian*. Cuando salía, alcancé a escuchar el comentario que el quiosquero le susurró a otro cliente:

—Bloody australians! What an accent!

Durante un cierto tiempo, me convencí de que un chute de anestesia daba a mi acento, imperfecto en todos los idiomas, incluido el materno, una pátina australiana la mar de exótica. La mayoría de mis paseos por Notting Hill se realizaron en lunes, con la mandíbula insensible y una cierta añoranza de Sidney, patria querida.

Notting Hill suele asociarse con los problemas raciales de los años cincuenta, culminados con unos tremendos disturbios en agosto de 1958. En esa época, la zona era descrita por la prensa como «un inmenso gueto de casas multiocupadas, ratas y basura». Las cosas son hoy muy distintas. El barrio es *trendy*, está de moda. Pero hasta hace relativamente poco sufría una grave sobrepoblación de inmigrantes afrocaribeños, como consecuencia de una historia larga, accidentada y dramática.

El ensanche urbano hacia el oeste fue el gran fenómeno londinense del siglo XIX. La riqueza acumulada gracias al comercio imperial reclamaba mansiones, parques, colegios selectos, escaparates y lujo, y todo eso se construyó siguiendo la línea de esa calle que, por ser inapropiadamente recta, se troceó en diferentes nombres: Oxford, Bayswater, Holland, etcétera. Paddington y Bayswater, cuyas blancas fachadas *regency* impresionan todavía hoy, se convirtieron en zonas de opulencia comparable a la de Belgravia. El edificio de los grandes almacenes Whiteley's, la primera macrotienda de ese tipo que se creó en el mundo, era un símbolo de éxito para el vecindario y un polo de atracción para los visitantes; aún ahora, un tanto venido a menos y convertido en una galería comercial muy apreciada por la juventud árabe—yo he escuchado en el vestíbulo la frase «¡Dios! ¿No queda ningún blanco en Londres?», proferida por una joven mamá pelirroja aparentemente alarmada por la multitud de rostros morenos que la rodeaba—, el caserón construido por William Whiteley en 1861 deslumbra por su claridad y su belleza. Otro vestigio de aquel boom económico es la portentosa estación ferroviaria de Paddington. La expansión física del bienestar burgués enlazó con el palacio real de Kensington, con las fincas boscosas de la familia Holland, con los fastos de la exposición de 1851 y llegó a la colina de Notting. Allí chocó con un fenómeno de naturaleza opuesta.

El terreno arcilloso de Notting había sido utilizado tradicionalmente para la fabricación de ladrillos y porcelanas. La zona era conocida por esa razón como The Potteries, las alfarerías. La urbanización a ritmo vertiginoso del territorio más allá del West End—Leicester y Haymarket habían sido durante siglos los límites occidentales de la ciudad—y la regeneración del Soho habían tenido como efecto la expulsión de miles de familias pobres hacia la nueva frontera, marcada precisamente por la colina. La creación por Robert Peel en 1822 del primer cuerpo de policía uniformado, los inicialmente apodados *peelers* y luego, de forma más despectiva, *bobbies* por el nombre de su fundador (Bob es diminutivo de Robert), empujó también a la muy numerosa delincuencia urbana hacia áreas donde los ricos y la emergente clase media no ponían los pies y donde, por tanto, los hombres de Peel no se acercaban tampoco: áreas como The Potteries. Por si todo eso fuera poco, multitudes de irlandeses famélicos que huían de la gran hambruna de la isla y no osaban embarcarse hacia el Nuevo Mundo peregrinaron hacia Londres y se instalaron en la colina arcillosa para criar cerdos.

La extracción de arcilla, las lluvias y las corrientes subterráneas habían creado un gran pantano de barro que el vecindario utilizaba como cloaca y en el que chapoteaban los cerdos en busca de alimento. El pantano, sarcásticamente llamado El Océano, no tenía par como foco de infecciones. A mediados de siglo, cuando Londres celebraba con la gran exposición su rango indiscutible de capital del mundo, la esperanza de vida de los habitantes de The Potteries era inferior a los 12 años. A principios del siglo XX, la mortalidad infantil era de 419 por 1.000: quizá la peor del planeta. La pobreza, la violencia y la muerte se acumulaban en torno al Océano de excrementos.

Mientras la riqueza escalaba la colina de Notting

desde el este y el sur—un trayecto que hoy queda reflejado en Bayswater Road y la exquisita Kensington Church Street—, la miseria humeaba en las laderas norte y oeste. Los dos universos se miraban cara a cara en lo alto de Notting Hill, y el miedo de unos y la ira de otros duraron generaciones. Esa es la tensión primigenia del Aleph.

En los años cincuenta, sucesivas oleadas de inmigración afrocaribeña procedente de las West Indies británicas coparon lo que un siglo antes habían sido las playas del infecto Océano. La vieja batalla social por el control de la colina se recrudeció por el elemento racial. Todo estalló en agosto de 1958, cuando un pequeño ejército de jóvenes blancos a bordo de camiones y autobuses invadió el barrio negro para quemar y matar. Las noches cálidas de agosto generan violencia en Inglaterra, eso es algo bien conocido, pero nunca hubo nada como lo de Notting Hill. Durante cuatro días, la colina sufrió una devastadora guerra racial.

Aquella fue la última acción a gran escala del racismo londinense. El año siguiente, los vecinos de Notting Hill quisieron enterrar el recuerdo de su agosto más doloroso con una gran fiesta, una celebración pacífica y multicolor. A partir de 1965, la fiesta anual fue reconocida por las autoridades londinenses y se extendió a todas las calles del barrio. Ese es el origen del carnaval de Notting Hill, sólo superado en brillo y asistencia por el de Río de Janeiro. Cada año, más de un millón de personas se congregan en la colina durante tres días de música, baile, risa, alcohol e, inevitablemente—noche y calor combinan de forma explosiva con la sangre británica—, peleas y cuchilladas.

El escritor Martin Amis, uno de los habitantes del barrio, ha recorrido casi todos los estratos de Notting Hill.

Su estudio es desde hace años una antigua vicaría con un coche achatarrado a la entrada, pero su domicilio ha variado a medida que se agigantaban su estatura literaria y su cuenta corriente: desde un apartamento bohemio en el torbellino de Portobello Road hasta la actual mansión, sólo un peldaño por debajo de la que posee el multimillonario *enrollado* Richard Branson en Holland Park. Amis describió el ambiente de la zona en su novela *Campos de Londres*, la historia de un matón de poca monta, Keith Talent—su personaje favorito—, atrapado por su destino—una chica rica y suicida—en los pubs de Portobello.

—El inglés de este barrio siempre va un paso por delante del resto del idioma—me comentó una vez.

Eso era algo que yo mismo, poseedor de un inglés que siempre ha ido un paso por detrás del resto del idioma, había percibido. El argot de la colina arcillosa es vivísimo y arrastra palabras y construcciones extranjeras que se incorporan sin dificultad al caudal común del río lingüístico.

—La salvación de la literatura en inglés ha procedido durante años de Estados Unidos, y desde hace algún tiempo nos llega también un gran auxilio de las antiguas colonias de Asia y África.

Rushdie, Okri o Seth son ejemplos de la fusión literaria de la lengua inglesa con las imágenes y los ritmos de India o Nigeria.

A un nivel distinto, en las escuelas municipales de Notting Hill ocurre cotidianamente otro tipo de fusión elemental entre la vitalidad extranjera y el idioma inglés. Un amigo mío que asistió a una de esas escuelas, buenas y gratuitas, solía describir de forma hilarante al alumnado. La clase constaba, entre otros, de un dirigente guerrillero afgano, unos cuantos campesinos ucranios, una *au pair* argentina muy pija, dos esposas de altos ejecutivos españoles y un puñado de magrebíes francófonos, todos unidos en la lucha contra los verbos irregulares y contra los irreductibles *phrasal verbs.*

(Qué idioma lógico, sencillo, creativo y adaptable es el inglés, dicho sea de paso. Qué distinto a la férrea encadenación de palabras interminables que pesa sobre las mentes centroeuropeas. Qué idiota fue Adolf Hitler, ese idiota entre los idiotas, cuando pensó que una absurda solidaridad étnica—arios, sajones y demás memeces—prevalecería finalmente entre Alemania y Gran Bretaña, esos dos universos tan lejanos.)

Al adentrarse en Portobello Road, uno deja atrás lo más turístico del multitudinario mercadillo y se adentra en un barrio humilde, alegre y cargado de aromas y colores, donde es posible encontrar prácticamente de todo.

Lola, que fue alumna de inglés y de fotografía en una escuela de Portobello, descubrió en aquel laberinto una pequeña tienda portuguesa, rodeada de carnicerías musulmanas, en la que podían adquirirse los ingredientes necesarios para elaborar una más que decente, casi reglamentaria, *escudella i carn d'olla.*

Una situación clínica

A Lola, un día, le salió un grano. El grano prosperó, se acomodó en la categoría de furúnculo, y acudió—Lola, no el grano—al ambulatorio del barrio. La *practice* de Pelham Street contaba con un personal simpático y atento, y se entraba en ella relajado, casi sano, libre del hispánico temor a haber olvidado la cartilla, o el volante, o el análisis, o cualquier otro papel. A los continentales, habituados al ordenancismo y al papeleo sistemático, suele sorprendernos la administración británica porque cree en nuestra palabra: no hay carné de identidad—somos quien decimos ser—, el carné de conducir se renueva—sin foto—en las oficinas de correos, y para que te atienda un médico de cabecera basta con pedirlo, seas de la nacionalidad y del color que seas.

En la *practice* eran atentos, pero preferían limitarse al ámbito del resfriado y la renovación de receta e indicaron a Lola que lo suyo era acudir al servicio de urgencias del hospital de Westminster. Allí le cauterizarían el furúnculo sin ningún problema. Y Lola se encaminó hacia aquel edificio cuadrado, viejo, envuelto en la oscuridad rojiza del humo y el óxido, como agazapado todavía bajo un bombardeo de la Luftwaffe.

De esta forma tan tonta comenzó nuestra larga caída—más la de ella que la mía, ciertamente—a los abismos del sistema hospitalario británico.

Lola era una cardiópata veterana, con un historial de crisis muy respetable. Por eso, supongo, le parecían casi normales sus ahogos y sus arritmias. En opinión del médico de urgencias, sin embargo, aquello no era normal. Y decidió ingresarla. Lo único disponible aquel día era una cama en un pabellón de ancianas semiterminales, en la que Lola, que había ido a curarse un grano, quedó ingresada hasta nueva orden. Como introducción al sistema hospitalario londinense, no estuvo mal.

La revolución conservadora de Margaret Thatcher —permítaseme la digresión—tuvo consecuencias profundas en el National Health Service, el antiguo y antaño modélico sistema británico de sanidad pública. Se descentralizó el sistema, se dio autonomía a los hospitales, se fomentó la competencia entre ellos y se creó un pseudomercado de la enfermedad, cuya efectividad se medía en número de tratamientos: quien captaba el mayor número de pacientes, recibía el mayor volumen de recursos públicos. Simultáneamente, se favoreció con incentivos fiscales la suscripción de seguros médicos privados. Todo eso condujo, como en otros países europeos, a un sistema sanitario cada vez más clasista: clínicas totalmente privadas para los seriamente ricos, centros concertados con un nivel excelente en el tratamiento de orzuelos, panadizos, esguinces de tobillo y demás males baratos, y a la lenta decadencia de los servicios dedicados a las enfermedades más graves, esas que nunca pueden ser rentables. Thatcher y su gris sucesor, John Major, llevaron sin embargo las cosas hasta extremos nunca vistos en el continente. Se desistía de operar a los cardíacos fumadores, porque ellos se lo habían buscado, o se desestimaban los tratamientos muy caros, incluso cuando se trataba de niños al borde de la muerte, si las posibilidades de éxito eran escasas. La consigna era reducir gastos. El mastodóntico sistema sanitario creado a partir de 1945 por el laborismo del *welfare state* no se hizo más ágil durante los años de Thatcher: simplemente sufrió miles de pequeñas amputaciones y enloqueció.

En los últimos años de administración conservadora, los informativos de televisión y las páginas de los periódicos se convirtieron en una galería permanente de enfermos en lista de espera, rostros cianóticos y dramas terribles. Llegó a adquirir una cierta popularidad la práctica de viajar a Francia o Alemania para ser intervenido en un centro de esos países, aprovechando los convenios europeos de reciprocidad. Mientras, los thatcheristas clamaban contra los «reaccionarios» que se oponían a sus reformas. John Redwood, un ministro tory al que se comparaba por su gelidez con el Mr. Spock de Star Trek —una comparación que no hacía justicia a Mr. Spock—, afirmó en una ocasión que todo consistía en «un choque entre la libertad y la servidumbre». Palabras de Redwood: «Nosotros, el bando de la libertad, proponemos que el paciente pueda elegir el lugar donde quiere tratarse y el tipo de tratamiento, y que decida individualmente el gasto que desea permitirse para su enfermedad concreta». O sea: tengo un bulto en el pecho, pero sólo puedo gastar 50 libras; creo que, en nombre de la libertad de elección, optaré por un tratamiento de pomada en mi propia casa.

Los desastres conservadores en los terrenos de la educación y la sanidad fueron la clave de la abrumadora victoria electoral laborista en 1997. El gobierno de Tony Blair se ha esforzado más, por ahora, en mejorar la educación que en hacer lo propio con la sanidad, pero ha elevado, al menos, las dotaciones presupuestarias. Y no da el miedo que daba Redwood.

A Lola, en cualquier caso, la metieron en el pabellón de ancianas cuando Redwood mandaba.

La primera noche, Lola se declaró incapaz de comer la papilla gris que le sirvieron. Un vistazo a la inidentificable sustancia templada que habían derramado sobre su plato me hizo sentir muy solidario con ella. Otro vistazo alrededor me convenció de que convenía evitar aquel presunto alimento: incluso las ancianas más seniles se sacudían el Alzheimer a la hora de la cena, dejaban a un lado con expresivas muecas el menú de la casa y sacaban de algún escondite una galleta o un trozo de pan que mordisqueaban con fruición.

Me dirigí cortésmente a una enfermera.

—Mi esposa me dice que la comida no está muy buena. ¿Existe alguna alternativa?

La enfermera, una mujer gruesa, rubia y colorada, meneó la cabeza.

—¿La comida no está muy buena? No, señor, la comida no está muy buena. De hecho, la comida es mala.

Por un momento, consideré que la frase era sarcástica. Me costó tiempo acostumbrarme a la severidad, la sequedad y la extraordinaria eficiencia de las enfermeras inglesas.

—¿Es mala? —inquirí, con una estúpida sonrisita meliflua.

Me explicó que el presupuesto se reducía cada año y que había que concentrar el gasto en lo esencial: médicos, medicinas, equipamiento y enfermeras. En lo demás, se hacía lo que se podía.

—La comida que servimos—siguió—es un último recurso, un alimento para quienes no tienen otra cosa. Cuando los pacientes disponen de familiares o amigos, aconsejamos que se hagan traer la comida de casa.

Lola quería ensalada. Y a mí sólo se me ocurrió llamar a Íñigo Gurruchaga y pedirle auxilio.

Conocí a Íñigo en cuanto llegué a Londres. Alguien me lo presentó en una sala de prensa. Era un tipo alto, vestido con cierta desgana y con el pelo cortado a trasquilones. Hablamos durante un rato—fue él quien discurseó con vehemencia sobre la prensa británica y sobre la condición humana en general, mientras yo asentía— y me pareció un personaje brillante. En las semanas siguientes le telefoneé con frecuencia para que me orientara en mi despiste de corresponsal novato. Me gustaban su ironía, la aspereza fingida de sus modales en los escasos actos de sociedad a los que éramos invitados, y su metódica *self deprecation.* Compartíamos—y seguimos compartiendo—una devoción recíproca por las ideas del otro, algo raro en gente más bien escéptica.

Al cabo de un rato, por el lóbrego corredor hospitalario apareció Gurruchaga cargado con un gran bol de ensalada y una botellita de aliño para la cena de Lola, y un ajedrez en miniatura que no pienso devolverle jamás.

Suponíamos entonces que la estancia en el Westminster sería breve, que los médicos entenderían que el corazón de Lola llevaba años funcionando así y que, como en otros hospitales, acabarían dando el caso por imposible y dejándola marchar. Durante los primeros días, Lola se dedicó a observar a las ancianas—la viuda del pastor presbiteriano que recibía muchas visitas, la que nunca tenía a nadie y lloraba de envidia ante las visitas de la otra, la que canturreaba tonadillas infantiles, la que sabía que ninguna de ellas saldría viva de allí—, a seguir la rutina hospitalaria—las pruebas, la medicación, el carrito de la biblioteca cargado de viejas novelas de amor, la papilla gris, la visita del sacerdote anglicano—, a comer las grandes ensaladas que yo traía desde casa y a esperar que el corazón o los médicos recuperaran la sensatez.

Pero el corazón empeoró, o, mejor dicho, se negó a responder al tratamiento. Una mañana encontré vacía la cama de Lola—los colchones desnudos son siempre alarmantes en un hospital—y me informaron de que Lola estaba en cuidados intensivos. Cuando la vi rodeada de cables y monitores noté que había adelgazado y que los ojos se le habían hundido un poco, una evolución casi imperceptible en la rutina diaria de la sala de las ancianas y más aparente en la semipenumbra de aquel sótano.

Los hospitales propician el humor negro, y en otra uci de otra ciudad habíamos sufrido un ataque de risa silenciosa cuando internaron a un árbitro de voleibol que se había lastimado el escroto al descender demasiado ágilmente de la silla: al ver a una enfermera con unas gigantescas tijeras, imploró a gritos que le dejaran conservar lo que le quedaba. Las tijeras eran para cortar la ropa. El escroto quedó como nuevo con unos cuantos puntos de sutura. En fin, Lola estaba bastante habituada a ese ambiente.

Un moribundo sin nombre ocupaba una de las camas. Había ingresado en el hospital sin documentación, víctima de un infarto demoledor. Las enfermeras suponían que era español o portugués, por las palabras inconexas que de vez en cuando susurraba, y me pidieron que tratara de averiguar su nombre. Me permitían trabajar en la uci—si había arañas, ¿por qué no podía estar yo?—, con el ordenador portátil sobre la cama de Lola, y pasé horas y días atento a la cama del paciente desconocido a la espera de un murmullo o de un momento de consciencia. Nunca capté nada. La administración del hospital logró saber que era español, que se llamaba Manuel y que trabajaba como camarero, como el personaje de *Fawlty Towers.* Murió.

Lola, mientras tanto, seguía con lo suyo y parecía ir a peor. Aunque no se encontraba especialmente mal, el monitor de sus latidos subía y bajaba sin ninguna lógica. Los médicos lo miraban y ponían mala cara, imprimían gráficos y ponían peor cara, le tomaban la mano y sonreían sin ganas. Las cosas parecían ponerse negras y yo comprendía cada vez peor las explicaciones. Todo se resumía, al final, en «esperar y tener confianza». El cardiólogo, buen médico y buena gente, consideraba que el problema era grave y podía ser fatal con el tiempo.

La señal de alarma definitiva se encendió una tarde en que el cardiólogo de costumbre se presentó en la uci con un tipo de aspecto importante, con bigotito y traje a rayas, que ni siquiera se molestó en ponerse la bata verde. El hombre del traje a rayas supuso que, siendo yo extranjero, más valía hablar en lengua apache.

—¿Tú marido? Yo jefe médico. Mujer muy mal, muy mal. Intentar trasplante.

Luego, de forma más articulada, me comentó que los cateterismos demostraban que el corazón de Lola estaba demasiado dilatado y desgarrado como para repararlo y que, en su opinión, la única salida era inscribirse en la lista de trasplantes, esperar que apareciera pronto un corazón compatible y cruzar los dedos.

Traté de explicárselo a Lola y ella dijo que ni hablar, que prefería irse a casa como estaba o, puestos en el extremo, morir tranquila. A esas alturas, el grano se había curado y Lola no se sentía al borde de la muerte, ni mucho menos. Todo aquello era bastante contradictorio. El hospital no tenía un penique, pero los médicos mantenían internada a Lola y hacían planes para sustituirle el corazón; ella, en cambio, se sentía en condiciones de volver a casa. Con el tiempo, vimos que era una cuestión de perspectiva. A corto plazo, el corazón podía ir tirando. A medio y largo plazo, no iba a dar mucho más de sí. Con todos sus problemas presupuestarios, los médicos del Westminster se portaron como buenos profesionales.

Lola había perdido el apetito, lo cual resultaba bastante lógico en aquel ambiente. En lo tocante a la alimentación, en la uci imperaba el régimen general del centro: consiga su propia comida o engulla la cosa gris. Las enfermeras aconsejaban a Lola que comiera lo más posible, en previsión, supongo, de una inminente devastación quirúrgica. Le pregunté qué podía apetecerle y respondió con la concisión de quien ha meditado largamente sobre un asunto: estaba muy interesada en comer jamón de jabugo, olivas arbequinas y alitas de pollo picantes del Kentucky Fried Chicken. No me pareció la dieta más adecuada para alguien en su situación, pero consulté con el médico y la respuesta fue positiva: entre la cosa gris y el pollo de KFC, mejor el pollo, por picante que fuera.

Las *hot wings* del Kentucky eran fáciles de conseguir. Lo de las olivas arbequinas (sólo quería arbequinas) resultaba más intrincado. En cuanto al jabugo, era manifiestamente ilegal: el jamón español estaba aún prohibido en el Reino Unido, a causa de la peste porcina. Aunque había jamón en bastantes comercios, su origen y método de curación no eran los que la cardiópata requería. Pero en Londres, dicen, se puede encontrar cualquier cosa. Basta con buscarla. Y es cierto. Conste aquí mi eterna gratitud al más *posh* y *snob* de los grandes almacenes londinenses: que Harrods, Fortnum and Mason, Selfridges y demás instituciones se inclinen ante Harvey Nichols, el muy pijo Harvey Nicks de Knightsbridge, el único lugar donde pude surtirme, sin otro límite que el de mi cuenta corriente, de jamón de jabugo cortado *comme il faut* y de olivas arbequinas.

Yo, por mi parte, seguí apelando a la benevolencia de Íñigo, en cuyo domicilio me personaba con cierta frecuencia a la hora de las comidas. Íñigo vivía con su esposa Marta y su hija Amanda (Paula no había nacido todavía) al oeste de Londres, en Acton, un apacible suburbio de casitas con jardín, organizado en torno a los tres elementos imprescindibles en Metroland: el parque, el pub y el almacén de productos de bricolaje. A través de Íñigo me reencontré con David Sharrock, el periodista de *The Guardian* al que había conocido en Arabia Saudí durante la crisis del Golfo. Los sábados jugábamos a tenis en las impecables pistas de hierba cercanas a casa de Íñigo Gurruchaga, pareja hispánica contra pareja inglesa—David y otro periodista de *The Guardian*—, en un duelo de despropósitos. David, el torito de Lancashire, tendía a embestir contra la red; yo insistía en ensayar de forma obsesiva un efecto de muñeca que jamás me saldrá bien. Los otros dos soportaban con entereza a tales compañeros.

Al terminar el encuentro, la pareja local se vestía y se marchaba. No les hacía falta ducharse: se habían bañado la noche anterior, cumpliendo como buenos ingleses la semanal inmersión en agua.

No es que los ingleses sean sucios. Es que son raros. E isotérmicos. El inglés se abrocha la gabardina en invierno y se la desabrocha en verano, eso es todo.

Lola, mientras tanto, seguía en la uci.

Cuando el Gran Jefe Médico volvió a presentarse nos hizo una oferta. Un grupo de médicos estadounidenses iba a impartir un cursillo a los cirujanos locales sobre técnicas avanzadas de laparoscopia—el sistema, cada vez más usado, de introducir un instrumental diminuto en el interior del paciente y manejarlo por ordenador—, y pensaba que valía la pena intentar recoserle el corazón a Lola con ese sistema. El Gran Jefe Médico había descartado previamente la opción de la laparoscopia, pero argumentó que tratándose de un equipo tan hábil y experto como el llegado de Estados Unidos, valía la pena intentarlo. No confiaba en que la intervención tuviera éxito, pero sí en que se pudiera hacer algún remiendo que nos diera más tiempo para esperar un corazón. El Gran Jefe Médico nos pidió, en fin, que Lola participara en el cursillo desde la mesa de operaciones.

Lola aceptó.

La operación, larga y minuciosa, se dividió en dos jornadas. Ignoro qué tal desempeñó Lola su función didáctica, pero tras el recosido múltiple su corazón empezó a comportarse. El Gran Jefe Médico y el cardiólogo de a pie consideraron que el trasplante podría plantearse «más tranquilamente, sin urgencias».

Pasó una semana, y luego otra. Lola se encontró mejor y le permitieron pasar unos días en casa. Volvió a ingresar, esta vez en el Saint George Hospital, un campamento de barracones prefabricados en el sur profundo de Londres, más allá de Brixton. Siguió ingiriendo las olivas, el jamón y las alas de pollo, y recuperó el gusto por las ensaladas. Tres semanas más tarde, sus constantes eran normales. El Gran Jefe Médico, un tanto perplejo, consideró que lo del trasplante podía esperar indefinidamente y firmó el alta, no sin advertirnos que Lola debía cuidarse y contar con que el problema podía reproducirse algún día.

Lola se encontraba perfectamente. Cuatro meses más tarde, volvió a fumar.

Y así hasta hoy.

EL CENTRO

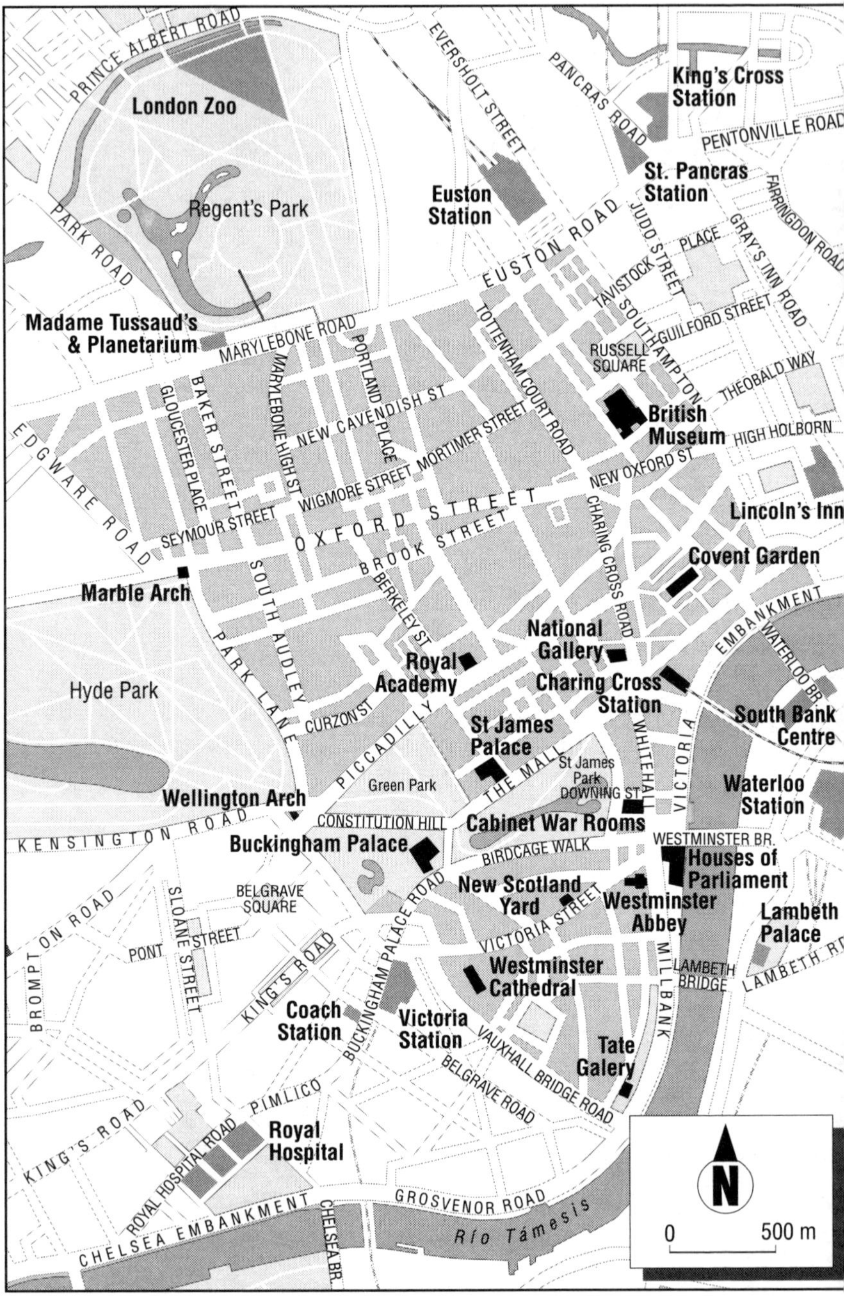

London Zoo
Regent's Park
Euston Station
King's Cross Station
St. Pancras Station
Madame Tussaud's & Planetarium
British Museum
Lincoln's Inn
Covent Garden
Marble Arch
National Gallery
Royal Academy
Charing Cross Station
Hyde Park
South Bank Centre
St James Palace
Green Park
St James Park
Waterloo Station
Wellington Arch
Cabinet War Rooms
Buckingham Palace
Houses of Parliament
New Scotland Yard
Westminster Abbey
Lambeth Palace
Westminster Cathedral
Coach Station
Victoria Station
Tate Galery
Royal Hospital
Río Támesis
PRINCE ALBERT ROAD
EVERSHOLT STREET
PANCRAS ROAD
PENTONVILLE ROAD
FARRINGDON ROAD
PARK ROAD
EUSTON ROAD
JUDD STREET
GRAY'S INN ROAD
TAVISTOCK PLACE
SOUTHAMPTON
GUILFORD STREET
MARYLEBONE ROAD
PORTLAND PLACE
TOTTENHAM COURT ROAD
RUSSELL SQUARE
THEOBALD WAY
HIGH HOLBORN
GLOUCESTER PLACE
BAKER STREET
MARYLEBONE HIGH ST
NEW CAVENDISH ST
MORTIMER STREET
EDGWARE ROAD
WIGMORE STREET
NEW OXFORD ST
OXFORD STREET
SEYMOUR STREET
BROOK STREET
CHARING CROSS ROAD
SOUTH AUDLEY
BERKELEY ST
EMBANKMENT
WATERLOO BR.
PARK LANE
CURZON ST
PICCADILLY
WHITEHALL
VICTORIA
THE MALL
DOWNING ST
CONSTITUTION HILL
KENSINGTON ROAD
WESTMINSTER BR.
BIRDCAGE WALK
BELGRAVE SQUARE
SLOANE STREET
BROMPTON ROAD
PONT STREET
KING'S ROAD
BUCKINGHAM PALACE ROAD
VICTORIA STREET
MILLBANK
LAMBETH BRIDGE
LAMBETH RD
VAUXHALL BRIDGE ROAD
BELGRAVE ROAD
PIMLICO
ROYAL HOSPITAL ROAD
GROSVENOR ROAD
CHELSEA EMBANKMENT
CHELSEA BR.
N
0
500 m

Glorias difuntas del Soho

Yo he bebido en la barra del Coach and Horses junto a Jeffrey Barnard y he comido en el Gay Hussar junto a Kingsley Amis, y algún día—hoy, por ejemplo—podré contar que me codeé con dos personajes legendarios del Soho en dos de los establecimientos emblemáticos del barrio.

Es cierto que no osé dirigirle la palabra a Barnard, un borrachuzo de humor endiablado, y que empuñé la pinta con la mano izquierda para no rozar siquiera la genial ruina humana que se tambaleaba a mi derecha. También es cierto que Amis ocupaba la mesa contigua a la que compartíamos el fotógrafo Agustí Carbonell y yo, y que, por supuesto, procuré no llamar la atención de aquel brillante y agresivo dipsómano.

Jeffrey Barnard no fue un ciudadano modélico. Su alcoholismo superaba cualquier baremo clínico y asomaba a los pliegues, cráteres y barrancos de su rostro, el más devastado que recuerdo haber visto en un ser humano vivo. Hablaba lenta y penosamente, con largos circunloquios, y la mano con la que sujetaba el cigarrillo le temblaba tanto que necesitaba sujetársela con la otra. Tuvo muchas mujeres, muchos amigos y muchos enemigos, hizo el ridículo más allá de todos los límites de la dignidad y devastó cientos de cuentas corrientes con sus sablazos. Fue, en mi opinión, el mejor columnista de su tiempo. Su espacio en *The Spectator*, titulado *Low life* (Vida golfa) y frecuentemente vacío bajo la nota *Jeffrey*

Barnard is unwell—no se trataba de resacas: era un sibarita de la enfermedad crónica y la fractura ósea múltiple—, contuvo durante años auténticas maravillas. La frase *Jeffrey Barnard is unwell* se utilizó como título de una exitosa obra teatral cuyo protagonista, interpretado por Peter O'Toole, era evidentemente Barnard.

El Londres de Barnard se limitaba al Soho. Más estrictamente, a las barras del Coach and Horses (Greek Street) y del Groucho's (Dean Street), el club creado por los *enfants terribles* de los sesenta para hacer lo mismo que sus mayores pero sin tener que codearse con ellos. Barnard se levantaba a mediodía, ingería una gragea de vitamina C y una botella de Veuve Cliquot, de la que servía una copita a su asistenta, y se desplazaba al pub, donde coincidía una vez por semana con el altamente etílico consejo de redacción de la revista satírica *Private Eye*. Otro de los habituales del Coach and Horses era el pintor Francis Bacon. Aquel era—es—un pub sobrio y masculino, poco frecuentado por turistas pese a su fama. El Coach fue abierto en 1847 y su actual patrón, Norman Balon, se jacta de haber insultado personalmente «a todos los que son alguien en el teatro, la literatura y la política». No es un pub cómodo ni vistoso. Al Coach se va a beber, a mascullar—los veteranos—y a ver, oír y callar—los novatos. Como nota erudita, añadiré que Bacon tomaba copas de vino y que Barnard se hacía servir un vaso largo con vodka hasta la mitad y después, sólo después de comprobar que la medida era exacta, añadía hielo y sifón.

Cuando el gobierno decidió abrir los pubs a los menores de edad, Jeffrey Barnard se encrespó:

Los pubs nunca fueron lugares de entretenimiento familiar. Los pubs son comercios de bebida para hombres graves y desesperados, en busca del sentido de la vida. Ocasionales chispas de ingenio de uno o dos parroquianos iluminan el ritual de vez en cuando, pero ¿quién ha visto alguna vez a un niño intencionadamente divertido? Y traerán a sus madres con ellos, que Dios nos ayude. La mayoría de esas madres pueden testificar que los niños le vuelven a uno loco. Lo cual no es sorprendente. En cuanto una madre da a luz, se ve encerrada con un idiota durante los siguientes 16 años. Soy escéptico ante la afirmación de que la introducción a las costumbres de los bebedores puede tener un efecto civilizador sobre los niños. Si mi madre me hubiera metido en los pubs del Soho cuando tenía siete años, hoy sería sin duda un lunático de manicomio. Aunque, de todas formas, lo soy durante la mayor parte del día.

Kingsley Amis, padre del también escritor Martin Amis, llevaba una vida mucho más ordenada que Jeffrey Barnard. Era un hombre tan ordenado y tan amante de las pequeñas comodidades de la vida, que sólo accedió a divorciarse de su esposa con la condición de que ella y su nuevo marido le acogieran en su casa y le cuidaran. El trato fue escrupulosamente cumplido hasta la muerte de Amis, una de las glorias de la literatura inglesa de la segunda mitad del siglo y uno de los paladares más curtidos de su época. Como aperitivo ingería dos copazos de Wild Turkey, el *bourbon* de más elevada graduación alcohólica, y en el restaurante—normalmente el Ivy o el Gay Hussar—pedía platos rigurosamente picantes. Como Barnard, era un tipo áspero en el trato. Por más que su hijo Martin publicara obras excelentes, él seguía diciendo que el chico no había leído más que «algunas novelitas de James Bond» y que difícilmente llegaría a algo en la vida. Poco después de su fallecimiento, Martin Amis me habló de sus sentimientos durante una entrevista.

—Mi padre se había encerrado más y más en sí mismo, se había hecho más intolerante que nunca. Ése es el secreto de una buena muerte: ser un auténtico diablo, un tipo insufrible durante los últimos años. En ese caso, la gente asume más fácilmente tu muerte.

Tardé en encariñarme con el Soho. Me había convencido de que Barnard o Amis eran los últimos vestigios de una era ya pasada, una era que se remontaba a la de John Galsworthy cuando, a finales del XIX, en su novela *La saga de los Forsyte,* describía el barrio de la siguiente forma: «Desaseado, lleno de griegos, ismailíes, gatos, italianos, tomates, restaurantes, órganos, cosas de colores, nombres raros y gente que mira desde las ventanas de los pisos más altos». Daba por supuesto que en el Soho se extinguía inexorablemente la bohemia, que el último aliento de la vida secreta del laberinto había sido el de viejos diablos como Barnard y Amis. Cada vez estoy menos seguro de eso.

Thomas de Quincey se refugió en el Soho en 1802 cuando huyó de la escuela y fue acogido y alimentado por una prostituta, según sus *Confesiones de un comedor de opio.* Wagner, Rimbaud, Verlaine, Marx, todos habían pasado por el Soho en condiciones más o menos catastróficas. El ámbito del desastre doméstico de Karl Marx en aquellas dos «espantosas habitaciones» del 28 de Dean Street, políticamente fracasado tras las fallidas revueltas continentales de 1848, económicamente en las últimas y en una situación personal de mal arreglo—había embarazado casi a la vez a su esposa y a su asistenta—, es aún inspeccionable. Basta almorzar o cenar en el Leonis, un restaurante sin grandes méritos, y pedir al camarero una exhibición privada del miserable cubículo del que surgió la ideología más poderosa del siglo. Las habitaciones se utilizan como almacén, lo cual es muy pertinente: mantienen el ambiente inhóspito de mediados del XIX.

Como ocurre con otros barrios céntricos que en algún momento se han metamorfoseado en gueto o por un motivo u otro han acogido cantidades excesivas de pobladores, el mapa urbano del Soho no refleja la realidad. El paseante descubre que junto a los portales se han abierto puertas, puertecitas, escotillas y escaleras improvisadas hacia ignotos subterráneos, accesos a un espacio paralelo al oficial, censado y fiscalizado. El Soho es denso—sólo hay una teórica zona verde, el diminuto pero bien proporcionado Soho Square—, húmedo y umbrío, y huele a mercado. Conserva alguna fachada noble—fue un coto de caza, de ahí el nombre, derivado del grito *So-ho!* a los caballos, y después, hasta el siglo XVIII, una elegante zona residencial—, pero la mayoría de las construcciones son vulgares y muestran las huellas de sucesivas ampliaciones por arriba, hacia el cielo, y por debajo, hacia el empapado subsuelo londinense.

Hay mucha policía y bastantes homicidios en comparación con el resto de Londres, pero las calles del Soho son relativamente seguras. Esa aparente paradoja se explica por el hecho de que la mayoría de los homicidios corresponden a ajustes de cuentas dentro de las mafias chinas, asuntos en los que el resto del mundo, policía incluida, tiene poco que ver. Caso aparte son las peleas, especialmente en fin de semana. La mayoría de los pubs prohíben la entrada a quien luce los colores de un club de fútbol—la bronca con un hincha de un equipo rival está casi asegurada—, pero esa es una precaución conmovedoramente minimalista.

En horas prudentes, el personal acude al Soho por alguna de las razones siguientes: café italiano, comida, espectáculos, instrumentos musicales, libros. En horas más oscuras dominan las copas y el sexo.

En lo tocante al café, dos bandos rivales se disputan la primacía. De un lado, los partidarios del Bar Italia: local moderadamente roñoso que introdujo el *espresso* en Londres (1959), con *calcio* en televisión y/o Domenico Modugno en el tocadiscos, tacitas blancas de reglamento, carteles ajados, unos cuantos parroquianos del género *pan, amor y fantasía* y gran ambiente hasta altas horas. Del otro lado, justo en la esquina, los partidarios del Caffé Nero: establecimiento aséptico, vasitos de papel y aglomeraciones. Lola, que es muy de café, acabó decantándose por el impersonal Nero. En conclusión, si uno está dispuesto a prescindir del entorno y sólo busca un centímetro cúbico de cafeína pastosa y altamente aromática, digamos que es mejor el Caffé Nero, en el Soho o en alguna de sus sucursales. A mí me cae más simpático el Italia.

Una noche, Lola y yo paseábamos por Chinatown y nos cruzamos con un muchacho oriental que transportaba una montaña de masa de cocinar en un carrito. El vehículo volcó y la pasta se derramó sobre el asfalto. El atribulado pinche enderezó el carrito, recogió laboriosamente el mejunje con las manos y siguió su camino. No cuento este nimio incidente para descalificar la higiene de los restaurantes chinos; en realidad, casi todas las cocinas del mundo constituyen un espectáculo que corta el apetito en seco, y ese día ocurrió en la calle lo que ocurre de continuo junto a los fogones. Los establecimientos de Chinatown tienen reputación de dar bien de comer por muy buen precio, y eso se consigue con gran cantidad de personal mal pagado o no pagado en absoluto sudando entre ollas, con una actividad febril que incluye la cooperación entre restaurantes y el trasvase de montones de patos momificados, botes de glutamato y pasta para rollitos de una cocina a otra. Yo, lo reconozco, no soy un fanático de las recetas cantonesas o, en general, de las múltiples y sabias cocinas chinas. Pero los miles de personas que comen diariamente en Chinatown no pueden, supongo, equivocarse.

La autenticidad de los lugares más «auténticos» del Soho es bastante dudosa. No hace mucho fui a cenar con Íñigo Gurruchaga a la French Dining Room, que durante la Segunda Guerra Mundial fue el punto de encuentro de la resistencia francesa en Inglaterra—Charles De Gaulle pasaba por allí con frecuencia—y que durante décadas ha conservado un aire *froggy* (dícese *froggy* del francés, por *frog eater*, comedor de ranas). Pero el poso *froggy* había desaparecido. El conejo que pidió Íñigo había sido elaborado, con todo el desdén que los ingleses sienten por los roedores, por un equipo de cocineros jamaicanos llamados sin duda a otras misiones en esta vida. Lo único francés era un camarero de Marsella que nos informó de que el local había sido adquirido por ingleses, de que estaba harto de Londres, de los londinenses y del puñetero clima local, y de su intención de largarse a España. Íñigo y yo, convencidos ambos de que Londres es de las pocas cosas solventes que quedan en el mundo, le dijimos a todo que sí. Nuestro cinismo se vio recompensado con una sustancial rebaja en la cuenta.

No sé si he dicho ya que tiendo a la claustrofobia. Procuro evitar los lugares cerrados y oscuros, y eso incluye los cines—cada vez más minúsculos y más subterráneos: una fosa común con pantalla—, hasta cierto punto los teatros y según qué salas de conciertos. Sé que hay establecimientos de ese tipo en el Soho, pero no los he frecuentado. Traté de asistir a un concierto de El Último de la Fila en el celebérrimo Marquee, pero en cuanto se apagaron las luces resistí solamente una canción. Lo siento.

En cambio, he pasado bastante tiempo en las tiendas de instrumentos musicales. Aunque soy una nulidad como guitarrista, me fascinan las buenas guitarras. Una auténtica Stratocaster americana, una Les Paul Custom o una Rickenbaker de 1962 son mecanismos de precisión, objetos bellos como un Ferrari o un encendedor Ronson clásico, y pueden contemplarse en las tiendas de Denmark Street y de la parte baja de Charing Cross. Además, en ninguna ciudad europea—ni siquiera en Estados Unidos cuando el dólar está alto—son tan baratos los instrumentos musicales como en Londres.

El otro gran qué del Soho son las librerías. Las hay de peso mosca—libros de lance y rebajados—, de peso medio—especializadas—, de peso pesado—los florones de cadenas como Waterstones o Books etc.—, y luego está la gran campeona de todos los pesos, medidas y cubicajes, la inmensa, desordenada, polvorienta e imbatible Foyle's. No hay que fiarse del aspecto relativamente pulcro de la planta baja: el caos y los prodigios surgen según se asciende cada piso hasta alcanzar el extravío en el Leviatán del papel impreso y encuadernado.

Uno no va a Foyle's a comprarse un libro. Va de safari. A perderse, por ejemplo, en el departamento de cálculo matemático y encontrar quizá algún raro ejemplar de poesía traspapelado hace décadas. Los empleados son tipos ojerosos y resignados como enfermeros de un hospital de campaña, seguramente abrumados por el tonelaje de papel que les rodea, y resultan de poca ayuda cuando se busca algo concreto: el título en cuestión siempre figura en el listado informático y debería estar en esa estantería de ahí, pero en esa estantería hay otra cosa que debería estar en otra parte.

Yo frecuento dos de las librerías especializadas de Charing Cross: SportsPages y Murder One. Deporte y crimen. Gustos refinados. Pero hay de todo: la librería feminista, la de literatura rusa, la de cuestiones árabes... En todo caso, mi librería favorita no está en el Soho, sino en Gower Street, cerca de la estación de Euston. Si Foyle's es el safari, la librería Dillons de Gower Street es el crucero por las Bahamas: la aventura está bien de vez en cuando, la comodidad se agradece casi siempre.

El error de Piccadilly

Lo de Piccadilly Circus es un fenómeno misterioso. La gente va a verlo cuando visita Londres, envía postales con la estatuilla de Eros y los anuncios luminosos y se hace fotos junto a la fuente. Quizá se trate de una confusión, porque la estatuilla no representa a Eros, la fuente fue durante décadas objeto de burla, los anuncios son el resultado de un pleito y todo el conjunto constituye desde hace un siglo una herida abierta en el corazón de la ciudad. La historia de Piccadilly merece una pausa.

Como casi siempre, hay que remontarse al reinado de Victoria. En 1886 se constató que el pequeño—y bonito, y realmente redondo—círculo de Piccadilly se había convertido, tras la rápida expansión hacia el oeste, en el epicentro de Londres. Había que abrir paso al tráfico, para lo que fueron derribados varios edificios en el lado sur del *circus* y se creó una nueva avenida, lo que hoy es Shaftesbury Avenue, bautizada así en honor del Earl de Shaftesbury, un filántropo victoriano que había tratado de mejorar las condiciones de vida de las prostitutas y los indigentes del contiguo Haymarket.

Las cosas se complicaron cuando un comité de ciudadanos y el ayuntamiento decidieron ampliar el homenaje a Shaftesbury con un monumento alzado sobre una fuente. Ambas cosas fueron encargadas al escultor Sir Arthur Gilbert. El escultor decidió que la memoria del noble filántropo merecía pasar a la historia con la imagen del Ángel de la Caridad Cristiana y diseñó un querubín desnudo. Según explicó el propio Gilbert, la figura mostraba «al Amor, con los ojos vendados, disparando su proyectil de bondad». Pero, ay, el angelote no apuntaba al cielo, sino a la tierra. Y en su arco no había ya flecha alguna. Al conocerse los primeros bocetos, las malas lenguas—estimuladas al parecer por confidencias del propio escultor—difundieron que la estatua encerraba una broma sobre la impotencia del filántropo, y ya antes de la inauguración el ángel había sido rebautizado como Eros, dios del amor carnal.

Sir Arthur Gilbert se molestó muchísimo. Pero el mayor desastre se produjo en la fuente. Él había diseñado un amplio estanque circular destinado a recoger el agua que, disparada hacia el cielo, ocultaría el pedestal del ángel-eros y crearía la sensación de que la figura flotaba sobre una nube líquida. Varios chorritos inferiores permitirían beber a los transeúntes. El comité vecinal y el ayuntamiento consideraron, sin embargo, que tanto estanque constituía un derroche de espacio público y redujeron a menos de la mitad la circunferencia de agua, pese a la oposición de Gilbert y a sus advertencias de que la instalación no funcionaría si se modificaba.

El escultor se negó a asistir a la inauguración, en junio de 1893. Hizo bien. El comité vecinal había constatado ya que con el estanque empequeñecido resultaba imposible acercarse a beber sin quedar empapado, y decidió que en aquella fuente se bebería con vaso. Los vasitos dispuestos a tal efecto fueron robados, todos, el mismo día de la inauguración. Y en los días siguientes se comprobó que era imposible pasar sin mojarse por las inmediaciones de la fuente-monumento. O fuente, o transeúntes: ambas cosas eran incompatibles. En conclusión, se desconectó el chorro de agua.

El público, ignorante de que Gilbert era ajeno a la chapuza, cubrió de insultos al presunto responsable. Gilbert no se atrevía a salir a la calle. Estaba, además, prácticamente arruinado por un error de cálculo: lo que había cobrado por el trabajo no cubría siquiera los costes del bronce utilizado. «El asunto de Piccadilly destrozó mi vida», afirmó Sir Arthur Gilbert poco antes de morir.

Mientras ocurría todo esto, en los edificios de Piccadilly había grandes peleas. La remodelación del *circus* hacía muy visibles desde diversos ángulos las fachadas del lado noroeste, lo cual se conjugó con la difusión de una nueva tecnología—la iluminación eléctrica—y la pujanza de una actividad que empezaba a florecer—la publicidad. Coincidiendo con la inauguración de la fuente sin agua, los vecinos recibieron espléndidas ofertas para instalar anuncios luminosos sobre sus casas. Aceptó la mayoría, ante el disgusto de la minoría, y un gigantesco neón de la firma de bebidas Schweppes se alzó sobre Piccadilly. El ayuntamiento se opuso de inmediato a aquella «exhibición de mal gusto» y ordenó que el anuncio fuera retirado. Pero los publicitarios—respaldados por el dinero y los abogados de Schweppes—desafiaron a la autoridad municipal, que carecía de argumentos legales—y estéticos: bastaba ver lo que habían hecho con el monumento del pobre Gilbert—para obligar a retirar el neón. El ayuntamiento invocó la seguridad de los transeúntes, pero los tribunales dijeron que si el anuncio estaba bien fijado no entrañaba riesgo alguno. En 1910, los anuncios luminosos de los refrescos Schweppes, el concentrado de carne Bovril y la ginebra Gordons se alzaron definitivamente sobre Piccadilly, el angelote sin flecha, la fuente sin agua y el desorden general.

Un detalle: sólo hay anuncios en un lado del *circus*. Porque los edificios del otro lado se alzan sobre terrenos de la Corona, y en los contratos de *leasing* estaba estipulado desde mediados del XIX que ni en las fachadas ni en las azoteas podía colocarse publicidad alguna. Gente previsora, los abogados de la monarquía.

La reserva de Saint James

Como todo el mundo sabe, o saben al menos todos aquellos que vieron la serie *Arriba y abajo* o quienes han visto a Anthony Hopkins ejerciendo de mayordomo en el cine, la estructura de clases de la sociedad inglesa es, básicamente, una proyección onírica de la clase obrera. Sin el mimo de la servidumbre, el talento de los lacayos y la benevolencia de los trabajadores, la aristocracia británica llevaría ya tiempo en el arroyo. Pero al inglés de a pie le gustan la monarquía, los terratenientes y los señores. Quizá porque proporcionan un cierto sentido de estabilidad, porque encarnan el orden, porque representan la historia, porque siempre han estado ahí. Esas son cosas que gustan en la isla. E incluso, ay, se contagian al visitante desprevenido.

El señorito inglés no vale gran cosa, pero el entorno en que se desenvuelve resulta tan agradable que debemos defender su conservación. ¿Quién puede ser tan cruel como para querer acabar con los Bertie Wooster y demás aristócratas descerebrados de este mundo? Obviamente, sólo un Bertie Wooster. El tipo más izquierdista del laborismo británico, el hombre que redactó el incendiario y catastrófico manifiesto electoral de 1983 (definido con razón como «la nota de suicidio más larga de la historia»), se hace llamar Tony Benn, pero su auténtico nombre es Sir Anthony Wegdwood Benn. Todo queda en casa.

Esta especie protegida, millonaria y frágil, tiene su santuario en Saint James. Una calle, más bien un barrio, que viene a ser como una reserva natural.

Como introducción al espíritu de Saint James podemos recurrir a un texto del gran Evelyn Waugh, un perfecto *club gentleman.* Se trata de una carta de 1945 dirigida a su esposa en la que se refiere a su hijo Auberon, hoy conocido columnista del *Telegraph*, gran polemista y, como su progenitor, buen ejemplar de esa especie típicamente inglesa que sobrevive encerrada en el espacio protegido del club.

Querida Laura:

He llegado a la lamentable conclusión de que el chico Auberon no es todavía un compañero apropiado para mí.

Ayer fue un día de supremo sacrificio. Le traje desde Highgate, le subí a la cúpula de San Pablo, le regalé un paquete de sellos triangulares, le llevé a comer al Hyde Park Hotel, le subí a la azotea del hotel, le llevé a Harrods y le permití comprar vastas cantidades de juguetes (los cargué en tu cuenta), le llevé a tomar el té con Maimie, que le dio una libra y una caja de cerillas, y le llevé de regreso a Highgate en un estado (yo, no el niño) de completo agotamiento. Mi madre le preguntó: ¿Has tenido un buen día? Un poco aburrido, contestó. Así que esta es la última vez por bastantes años que me molesto por mis hijos. Puedes reprochárselo.

Pasé una velada muy divertida emborrachándome en la Cámara de los Comunes con Hollis y Fraser y la viuda Hartington (que está enamorada de mí, me parece) y Driberg y Nigel

Birch y Lord Morris y Anthony Head y mi primo comunista Claud Cockburn.

Ayer cené con Maimie. Vsevolode se pasó el rato yendo a la cama y volviendo.

Londres está más lleno y ruidoso que nunca.

Con todo mi amor, Evelyn.

Para definir a su padre, Auberon Waugh suele contar el traumático episodio de los plátanos. Se trata de dos plátanos que Evelyn Waugh consiguió en alguna parte —era el Londres de la posguerra y el racionamiento— y llevó a casa. Ninguno de los críos había visto jamás un fruto tan exótico. A la hora del postre, Waugh padre les quitó con cuidado la piel y los depositó sobre un plato, que hizo circular alrededor de la mesa. Luego pronunció en tono solemne una frase: «Me han dicho que se comen con azúcar». Los niños Waugh salivaban frenéticamente. El padre espolvoreó azúcar sobre los plátanos, empuñó cuchillo y tenedor y los engulló sin más comentarios.

Auberon odió durante muchos años a su padre por el episodio de los plátanos.

No me aventuraré a decir que todos los socios de todos los clubes de Saint James son comeplátanos. Pero hay bastante de eso.

Los clubes de Saint James son trece: Turf, Athenaeum, Travellers, Reform, RAC, Army&Navy, East India and Devonshire and Sports and Public Schools, United Oxford and Cambridge University, Carlton, Pratt's, Brooks, Boodle's y White's. Trece palacetes de fachadas impecables, mármoles impolutos y picaportes relucientes, que apenas llaman la atención en una calle impecable, impoluta y reluciente. Sólo uno de ellos, el Travellers, puede ser visitado. Algunos admiten ya mujeres—en salas especiales—y se ha extinguido poco a poco el espíritu fundacional común a todos ellos: se trataba de disponer de un lugar donde beber, apostar y frecuentar prostitutas—esas mujeres sí podían entrar—sin trabas familiares. Actualmente son una combinación bastante normal de bar, restaurante, hotel, hemeroteca y gimnasio.

El más antiguo, discreto e inaccesible es White's, en el número 37 de St. James Street. Fue creado en 1693 a partir de una tienda de chocolate propiedad de un tal Francis White y es desde siempre el club de los más ricos y reaccionarios terratenientes.

Boodle's (en el 28 de la misma calle) es algo más moderno (1762) y siempre ha presumido de un servicio exquisito: hasta bien entrado este siglo, todas las monedas que entraban en caja se hervían y lustraban, por si los distinguidos socios se veían obligados a tocar alguna de ellas.

Brooks (St. James Street, sin número: no es necesario) es el más célebre, por el lujo de su interior y por las fortunas que se han apostado y perdido en sus salones; se identifica con la aristocracia liberal y sus empleados tienen el deber sagrado de mantener vivo el fuego que arde ininterrumpidamente en la chimenea del vestíbulo desde 1764.

El Carlton está en el número 69 y es tan fiel a las ideas *tories* que durante décadas constituyó la sede central del Partido Conservador y el IRA intentó destruirlo con una potente bomba; a pesar de todo eso, sus socios se negaron a hacer una excepción en las normas contra las mujeres para admitir a su idolatrada Margaret Thatcher, quien tuvo que contentarse con ser socia de honor.

El mayor punto de gloria del Reform (104 de Pall Mall), fundado en 1836 por aristócratas ligeramente liberales y levísimamente democratizadores, es que Jules Verne hizo salir de sus salones a Phileas Fogg para dar *La vuelta al mundo en 80 días.*

El Travellers (106 de Pall Mall) imponía desde su fundación en 1819 una condición *sine qua non* a los aspirantes a socios: haberse alejado más de 500 millas de Londres una vez en su vida. La condición consiste actualmente en haber viajado al extranjero. Un par de peculiaridades del Travellers: se come en la llamada Coffee Room, la única sala del club en la que está prohibido servir café, y dispone de mesas individuales con atril para los socios que quieran disfrutar de una gozosa colación con lectura.

Otras dos instituciones de St. James Street son alcohólicas. La primera, en el número 61, es Justerini and Brooks Ltd., fabricante del whisky J&B. El negocio fue fundado en 1749 como Johnson & Justerini por un vinatero llamado George Johnson y un joven italiano, hijo de un destilador de Bolonia, llamado Giacomo Justerini. El italiano había viajado a Londres por amor a una cantante de ópera, pero unió el placer a la utilidad y aprovechó la ocasión para crear un establecimiento que le hizo rico en sólo diez años. En 1760, Justerini volvió a Italia con la cantante y varias sacas de oro. Poco después, Jorge III—el rey loco—concedió a la tienda de vino el título de proveedora de la casa real, y en 1831 el nieto de Johnson la vendió a Alfred Brooks, quien la rebautizó como Justerini & Brooks. El whisky vino después, cuando los americanos implantaron la moda de beberlo con hielo.

La segunda combinación de vino y whisky se encuentra en el número 3, bajo el nombre de Berry Bros. &Rudd. Se trata de un comercio de apariencia discreta —fachada de madera vieja pintada de negro y escaparate con botellas de precio accesible—, propiedad desde 1690 hasta hoy de las familias Berry y Rudd, que resulta ser, sin discusión posible, la mejor tienda de vinos del mundo. Fabrica el whisky Cutty Sark, pero los beneficios del espirituoso se utilizan para ampliar y mejorar las cavas. La gente de Berry Bros.&Rudd almacena en sus sótanos unas 200.000 botellas y puede servir cualquier cosa de cualquier año. Yo he hecho la prueba. Entré muy decidido y me acerqué a un joven alto e impecablemente trajeado.

—¿Tendrían un oporto de 1820?

—Por supuesto, señor. ¿Qué marca prefiere?

Gran nivel.

Hasta 1993, un carruaje tirado por caballos cruzaba al menos dos veces al día el barrio de Saint James y reforzaba su irreal atmósfera de pretérito perfecto. El carruaje hacía el servicio de mensajería entre el palacio de Buckingham y la banca Coutts & Co. (440 del Strand), gestora de la descomunal fortuna del monarca británico desde el siglo XVIII, y fue sustituido por un automóvil en 1993 tras una serie de engorrosos accidentes de tráfico.

Aunque Coutts ya no pertenece a la familia del mismo nombre, sino al Natwest Bank, mantiene las viejas formas. La sala de juntas está decorada con el papel pintado chino que el primer embajador de Londres en Pekín (1794) regaló al banco, y sólo en la fragorosa década de los ochenta fueron abiertas 3.500 cajas de seguridad cuyo contenido no había sido reclamado durante 150 años o más. Una de las cajas contenía una hermosa guitarra en una funda de piel verde, depositada poco antes de la batalla de Waterloo.

Buckingham, SA

El propietario del grupo Virgin, Richard Branson, es un hombre muy consciente de su imagen pública y, en general, de cómo la gente percibe las cosas. Es un gran publicista. Aunque ha alcanzado ya una edad razonablemente madura, mantiene el atuendo y la actitud juveniles y aventureros sobre los que se asienta en buena parte su éxito empresarial. Y dice vivir en su palacete de Holland Park, un coto de millonarios *enrollados,* al igual que Cheyne Walk en Chelsea o algunas zonas de Islington. Branson, en realidad, no vive en Holland Park, sino en una aristocrática mansión rural, como cualquiera de los *toffs* de la vieja oligarquía financiera. Lo de Holland Park no es más que una gran oficina donde trabaja el servicio personal de relaciones públicas de Branson y donde el que fue joven multimillonario se deja fotografiar en un ambiente de estudiado desorden, entre montones de periódicos, pantallas gigantes y esculturas contemporáneas: un escenario mucho más apropiado que el auténtico, con sus mayordomos y sus techos artesonados.

Una vez, después de una entrevista para el periódico, charlamos un rato sobre los impagables *royals.*

—Acabar con la monarquía—dijo Branson—sería tan grave y traumático como perder India de nuevo. Los Windsor son una versión lúgubre de la familia Addams, de acuerdo, pero forman parte del gran negocio de Londres. La imagen de esta ciudad sólo puede competir con la de Nueva York porque a la modernidad, la efervescencia, la moda y todo eso, une los anacronismos de la realeza, los palacios, las carrozas y el relevo de la guardia en Buckingham. No se engañe: los *royals* nos cuestan caros, pero son rentables.

El hecho es que, de los aproximadamente 15 millones de turistas que visitan anualmente Londres, casi la mitad asiste a un relevo de la guardia en Buckingham Palace. Dos millones visitan la Torre de Londres. Y otros tantos compran *souvenirs* relacionados con la monarquía.

Eso es algo que, quizá no tan claramente como Branson, percibe el conjunto de los británicos. En una encuesta publicada por el *Daily Express* sobre la institución monárquica y sus posibles ventajas, la pregunta ¿cuál es el mejor argumento para preservar la monarquía? recibió una respuesta mayoritaria: «El atractivo turístico».

Si la familia real británica constituye el elenco de un interminable culebrón, su cúspide, o sea, el monarca, ejerce un papel crucial en el inconsciente colectivo del país. Más de la mitad de los varones ingleses adultos reconocen—según un estudio realizado por psicólogos—haber soñado alguna vez que compartían el té, u otras cosas, con Isabel II. Amigos, ¿no es este un gran país?

La exhibición del lujo más obsceno y el protocolo más fantasioso constituyen un signo de identidad de los *royals.* ¿Quién puede permitirse un palacio como Buckingham, el más grande del mundo, con más de 300 empleados y una cocina capaz de servir cientos de comidas diarias de alto nivel? ¿Quién puede permitirse un yate como el Britannia, el mayor barco privado del mundo, con una tripulación de 21 oficiales y 256 marineros? ¿Quién puede permitirse tres aviones, dos helicópteros y un tren privado? Por no hablar de las decenas de figurantes que pululan por el escenario de la realeza, instalados todos ellos en alguno de los 135 palacios y residencias propiedad de la reina y bien remunerados por ejercer cargos como los Pajes de Presencia, los Pajes de la Escalera Trasera, el Gran Jefe de Salsas, el Maestro del Hogar Real (jefe de mayordomos), el Guardián de la

Bolsa (que, además de controlar las finanzas reales, es jefe supremo de la denominación de flores en el Reino), la Maestra de los Vestidos (jefa de las Damas de Dormitorio y de las Mujeres de Dormitorio), el Guardián de los Cisnes Reales, el Alabardero del Cristal y la Porcelana, el Caballero Guardián de la Porra Negra, el Caballero del Palo de Oro y el Caballero del Palo de Plata (guardaespaldas simbólicos desde la conspiración papista de 1678), el presidente del Consejo del Paño Verde (encargado de las licencias de los pubs en los alrededores de palacio) y muchos otros por el estilo.

La galería de figurantes es insuperable. Han sido necesarios una larga genealogía de personajes anacrónicos y poderosos esfuerzos de imaginación—muchos de los cargos y ceremonias fueron inventados o adaptados durante el siglo pasado con el fin de realzar el trono victoriano, y un ritual de aire tan druídico y misterioso como la investidura del príncipe de Gales se creó hace menos de 40 años—para elaborar una pompa tan brillante y tan absurda en torno a La Firma, que así se llama a sí misma la familia real británica. Incluso el apellido Windsor fue ideado en 1917 para sobrellevar la Primera Guerra Mundial: todos los apellidos de la dinastía eran alemanes (Battenberg, Saxe-Coburg, Gotha, etcétera), algo inadecuado en un momento de germanofobia intensa en Inglaterra. Se optó por el genérico Windsor, nombre de castillo, para los más cercanos al trono, y por Mountbatten, traducción directa al inglés de Battenberg, para los demás.

La reina madre es, dicen, lo más brillante de La Firma, quizá porque es casi una *commoner*, una plebeya: nació en la pequeña aristocracia rural escocesa y se casó con un *royal* muy secundario que, por una serie de casualidades (la muerte de un hermano y la abdicación de otro) se vio aupado al trono. En 1936, el año de los tres reyes, la monarquía británica parecía condenada a la extinción. El rey Jorge V había fallecido el 20 de enero —una inyección letal aceleró la muerte, para que la noticia fuera publicada por la prensa *seria* de la mañana y no por la sensacionalista de la tarde—; su sucesor, Eduardo VIII, no quiso renunciar al amor de la estadounidense Wallis Simpson ni a sus simpatías nazis y abdicó (lo primero que hizo tras la renuncia fue visitar a Adolf Hitler), y el pobre Alberto, el príncipe tartamudo, se encontró sin esperarlo con la capa de armiño sobre los hombros y coronado con el nombre de Jorge VI.

Llegaron la guerra y los bombardeos sobre Londres, y cuando el gobierno instó a los reyes a abandonar la capital e instalarse en un lugar más seguro, fue la reina Isabel quien respondió. Su frase, seguramente retocada y embellecida por sucesivos hagiógrafos, fue la siguiente: «Mis hijas no se irán sin mí, yo no me iré sin mi marido, y mi marido, por supuesto, se quedará en Londres». La hoy reina madre tenía, y tiene—si vive aún cuando se lean estas líneas—, un talento natural para el populismo. Eleanor Roosevelt pasó unos días en el palacio de Buckingham durante el invierno de 1942 y comprobó que, como el resto de los británicos, los reyes carecían de calefacción y racionaban los alimentos. Podían proporcionarse cualquier comodidad, por supuesto, pero esas pequeñas penurias, ideadas por Isabel, gustaban mucho a la gente. Isabel era también quien conversaba con el vecindario cuando la pareja real visitaba una zona arrasada por las bombas o un centro de acogida: la tartamudez y la escasa agilidad mental del rey le mantenían en un prudente silencio.

El tiempo y la longevidad han hecho el resto. Isabel, la *queen mum*, es de una popularidad inquebrantable. Incluso su afición a la ginebra y el dineral que apuesta anualmente a los caballos constituyen elementos simpáticos para las clases populares, auténtico sostén de la monarquía. Ojo, pues, con hablar mal de la *queen mum* en un pub de barrio.

Los Windsor no gozan de gran reputación como intelectuales. Y, en general, aceptan con deportividad las limitaciones heredadas de sus antepasados. La reina Isabel II, por ejemplo, señala que sus méritos son «el trabajo y el sentido común», más que la inteligencia; casi medio siglo de reinado proporciona sin embargo una experiencia notable, y pese a estar entrenada para no decir jamás nada interesante y potencialmente polémico, sus conocimientos han sorprendido a más de un político. Por lo demás, la reina hace cada día el crucigrama del *Times*, lee los diarios hípicos y sigue los seriales de televisión.

Carlos, el príncipe de Gales, heredó el coeficiente familiar. «El príncipe Carlos no es más inteligente que su madre, su abuelo o su bisabuelo, pero carece por completo de su humildad intelectual», afirma A. N. Wilson en su libro *Auge y caída de la Casa de Windsor*. Peter Mandelson, el *cerebro gris* del Nuevo Laborismo de Tony Blair, trabajó brevemente como asesor de imagen de Carlos. Años después le comentó a Anthony Holden, autor de varios libros sobre la monarquía británica, que Carlos era «un hombre con una capacidad de atención ciertamente limitada».

El joven príncipe fue el primero de los *royals* que acudió a un colegio, pero el centro elegido fue Gordonstoun, el internado en el que su padre pasó su adolescencia de huérfano: un lugar perdido en las montañas de Escocia y fundado con el objetivo de «forjar el espíritu» (duchas frías, comidas abyectas, oscuridad y disciplina), no la mente. Luego fue a Cambridge y se convirtió en el primer universitario de la familia. La frialdad del trato en el seno de La Firma, el lento horror de Gordonstoun y el leve barniz cultural de una carrera universitaria sin exámenes hicieron de Carlos un perfecto inadaptado, un hombre asustado y siempre fuera de lugar. A diferencia de su madre, tiene ínfulas intelectuales (sus insensatas críticas a la arquitectura contemporánea) y gustos mesocráticos (la jardinería, las acuarelas) con toques de *high class* (el polo): la combinación perfecta para repeler tanto al lector popular del *Sun* y el *Mirror* como a los profesionales urbanos. Por si no bastaran sus propias insuficiencias, tuvo que medirse con Diana, «la imagen más poderosa de la cultura popular mundial», en palabras de la profesora feminista Camille Paglia, y sufrió trastadas como la grabación ilegal de aquella charla telefónica con su amante Camilla en la que expresaba el anhelo de convertirse en támpax.

Si llega a reinar, seguro que lo hará muy bien.

Los *royals* hacen gala, pese a su inmensa riqueza, de una rapacidad notable. La reina posee una fortuna personal que las estimaciones sitúan alrededor del billón de pesetas y sus inversiones le proporcionan una renta cercana a los 300 millones diarios, cobra de la Hacienda pública unos 2.500 millones anuales para mantener a la familia, todos sus desplazamientos y gastos de personal corren a cargo del contribuyente, no pagó impuestos hasta 1992 y desde ese año aporta una contribución puramente simbólica. Pero cuando ardió el castillo de Windsor y se abrió una cuestación popular para ayudar a la restauración—que de todas formas iba a sufragar el Estado—, Isabel II se negó a dar un penique de su bolsillo. El auténtico genio se percibe en los pequeños detalles: quienes son condecorados por la reina reciben, al final de la ceremonia, un vídeo del acto, de 20 minutos de duración, por el módico precio de 55 libras, unas 14.000 pesetas. Un pequeño negocio que proporciona un dinerillo extra a La Firma.

Las ceremonias que se desarrollan en el interior de palacio mantienen un aura de relativo misterio, ya que, salvo los banquetes de Estado, no pueden fotografiarse ni filmarse (con la salvedad del vídeo que vende la reina a los condecorados). Pero no existe magia alguna en Buckingham, sino rutina y banalidad. El poeta Philip Larkin relató, en una carta a un amigo, su propia experiencia:

> Recibí mi CBE [la insignia de Commander of the British Empire] a principios de este mes: Monica y yo nos presentamos y visitamos el palacio entre una multitud de gente de aspecto corriente que deambulaba como nosotros. Llegamos a las 10 (citados a las 10,30) y tuve que esperar hora y media (en una gran sala holandesa, a juzgar por las pinturas: Rembrandt, Rubens, pero no Van Hogspeuw) antes de que los CBE fueran puestos en fila y desfilaran a otra antesala, desde la cual fuimos introducidos uno a uno en el salón de baile y ante la presencia real. Me incliné y ella me prendió una cinta de seda rosa de la que colgaba una cruz de oro (o al menos dorada) con alguna inscripción. Ella me preguntó si «escribía todavía» y yo respondí que seguía intentándolo, ella sonrió agradablemente y me estrechó la mano, y me retiré agradecido. El compañero que me precedía me preguntó, a la salida, si la reina sabía que yo escribía. Le dije que sí, aparentemente. Él dijo con aire pensativo que la reina le había preguntado a qué se dedicaba.

La familia real suele ser percibida, desde el exterior de Gran Bretaña, como simple material de prensa rosa. Incluso la reina es vista como una anciana rica y sin más ocupación que sus problemas familiares. Desde fuera, tendemos a olvidar el poder político que conserva la monarquía en el Reino Unido. La reina, por ejemplo, puede denegar al primer ministro la posibilidad de disolver la Cámara de los Comunes y convocar elecciones, y ejerce esa potestad: la última vez fue en 1993.

La soberanía británica no reside en el Parlamento, como en España y en todos los demás países de la Unión Europea salvo Francia, sino en «el monarca en el Parlamento», es decir, en la reina sentada en su trono de la Cámara de los Lores, según el concepto acuñado en el siglo XIX por Albert Venn Dicey. No hay ciudadanos, sino súbditos. No hay Constitución escrita, sólo usos tradicionales: una situación que los británicos comparten en semiexclusiva con Arabia Saudí. En último extremo, el referente es siempre la obra escrita en 1867 por Walter Bagehot, *La Constitución inglesa.* La idea central de Bagehot consistía en que la monarquía era tan sólo un componente «mágico» que «dignificaba» el sistema político, y que todo el poder se concentraba en el Parlamento. En parte, así es. El régimen británico podría definirse como una dictadura parlamentaria, ya que no existen los contrapoderes habituales en otros países, como una judicatura más o menos independiente, o un Tribunal Constitucional, o un Tribunal Supremo.

Friedrich Engels, en *La condición de la clase trabajadora en Inglaterra,* hacía un diagnóstico muy distinto al de Bagehot: «Removed la Corona, el *vértice de sujeción,* y toda la estructura artificial se desplomará». Un constitucionalista contemporáneo de ideas republicanas, Stephen Haseler, coincide con Engels:

> La monarquía no sólo se asienta en el corazón del estado británico, sino que domina su horizonte político, cultural y económico. [...] El moderno estado británico es un estado monarquista, en el sentido de que la existencia de la monarquía

no es un azar de la historia; *monarquía, corona* y *real* significan mucho más que, por ejemplo, en Escandinavia. Ese es un hecho demostrado por la poderosa idea de herencia que permea la vida británica.

No se trata solamente de que exista—parece que ya por poco tiempo—una rama legislativa a la que se pertenece por herencia, la Cámara de los Lores, sino de que una de las cosas más sagradas en el sistema de clases es la tierra heredada. La tierra rural y también la urbana. La mayor parte de Londres pertenece desde hace siglos a un puñado de familias aristocráticas. Es prácticamente imposible comprar un terreno o una casa en Kensington, Bloomsbury o Westminster: se paga una fortuna por un *leasing*, un alquiler de entre 50 y 100 años, y no se tiene nunca la propiedad. La parcela sobre la que estaba edificada mi minúscula casita en Prince's Gate Mews, por ejemplo, pertenecía y pertenecerá para siempre al discreto duque de Westminster, la segunda fortuna británica tras la de Isabel II, quien, dicho sea de paso, es propietaria y cobra las rentas de todas las fincas del antiguo Ducado de Lancaster, gracias a un acto de usurpación perfectamente ilegal perpetrado por sus antepasados.

La monarquía británica ha sobrevivido hasta ahora en un escenario físico decimonónico, creado por y para la reina Victoria, y en un precario equilibrio constitucional ideado por Walter Bagehot también para Victoria. El entramado de Bagehot empezó a tambalearse el día en que la «magia» y el «misterio» que, según él, debían envolver a la monarquía, fueron penetrados por las cámaras de televisión. Y no porque la prensa presionara, sino porque Isabel II consideró—qué error—que un reportaje sobre la intimidad familiar reforzaría la popularidad de la institución monárquica y de los *royals*.

Aquel documental, emitido por la BBC en 1969, tiene aspectos muy cómicos. El argumento se anudaba en torno a situaciones supuestamente cotidianas de los Windsor, como, por ejemplo, una barbacoa en los jardines de palacio. Basta verles de uniforme en el balcón de Buckingham para convencerse de que esa familia comparte la afición por las barbacoas y que, en cuanto pueden, sacan al jardín el carboncillo y el ketchup. Las imágenes de Felipe de Edimburgo asando salchichas con la actitud relajada de quien practica una autopsia por primera vez, de la reina untando pan, de los hijos cariacontecidos y de los perritos korgis atónitos ante la monumental patraña, podrían formar parte de la historia universal del humor.

Los mejores bares de la ciudad

No toqué el plato. Como de todo, excepto pollo.

—¿Es usted vegetariano?—inquirió mi compañero de mesa.

—No soy un entusiasta del pollo—respondí.

—¿Por las hormonas? ¿Teme que le salgan pechos?

Nunca me había planteado esa posibilidad. En cualquier caso, no me pareció oportuno detallar los motivos de mi aversión por el pollo. Mi interlocutor, en cambio, casi había terminado ya con su pechuga y por un momento pensé en ofrecerle mi ración.

—Tiene buen apetito—observé.

—No crea usted que los políticos tenemos muchas ocasiones de comer razonablemente bien.

Le expresé mis dudas sobre las supuestas privaciones

alimentarias de la clase política, y él me abrumó con una lista de apuros cotidianos. Era un diputado novato, de la hornada de abril de 1992. La victoria de John Major y de su partido, el conservador, había sido casi milagrosa, y los parlamentarios *tories* eran conscientes de disfrutar una inesperada prórroga de la racha triunfal iniciada por Margaret Thatcher en 1979. El diputado sentado a mi izquierda se llamaba Stephen Milligan, tenía 43 años y era soltero. Vivía en Londres, pero pasaba los fines de semana, los lunes y parte de los viernes en la oficina electoral de su circunscripción, donde tenía que escuchar largos dramas personales, recoger peticiones, anotar flemáticamente los prolijos proyectos de ley redactados por algún jubilado con mucho tiempo libre y ganarse la confianza de las fuerzas vivas locales. Era, además, secretario parlamentario del subsecretario de Defensa, un puesto de poca categoría y mucho engorro: secretos de Estado por aquí y ventas ilegales de armas por allá (ambas cosas van generalmente ligadas), militares quejosos por los recortes presupuestarios, roces con casi todos los demás ministerios y abundantes conflictos con la prensa.

Por si fuera poco, era uno de los pocos diputados que creían sinceramente en el hoy retirado John Major, lo que le obligaba a comparecer con frecuencia en debates de radio o televisión para defender a un primer ministro de proverbial impopularidad. Milligan tuvo el detalle de no añadir a la lista de agobios actos como aquel que nos hacía compartir mesa y mantel: un almuerzo en el comedor de la Cámara de los Comunes, en el que un grupo de periodistas de la Foreign Press Association tenía la oportunidad de departir con unos cuantos diputados.

—Vuelvo a casa muy tarde y, si me quedan ánimos, me preparo un bocadillo. Por eso le digo que suelo comer mal.

Era un tipo sonriente y usaba unas gafas que le agrandaban anormalmente los ojos. Supuse que era homosexual, aunque, según supe luego, una periodista londinense decía haber sido novia suya.

Tras la comida, paseamos por el edificio. Las Houses of Parliament son un inmenso hormiguero de pasillos, escaleras y oficinas, en el que uno no deja de sorprenderse por lo reducido del espacio. Miles de políticos, lores, ayudantes, administrativos, conserjes, policías, periodistas y visitantes—el personal acreditado ronda las diez mil personas—deambulan por entre casi mil estancias, salas o despachitos, tres kilómetros de pasillos y una larga serie de servicios que abarca desde lo razonable —quiosco de prensa, peluquería, oficina de Correos gratuita y agencia de viajes—hasta lo excéntrico, como la galería de tiro instalada en el sótano. Se trata de un universo cerrado no muy distinto, en su organización, al interior de un buque de guerra: una jerarquía estricta impide que el roce constante degenere en compadreo, las normas se cumplen a rajatabla—el único juego permitido, por ejemplo, es el ajedrez—y hay un espacio exacto para cada cosa y cada persona en cada momento.

El edificio, por lo demás, es menos antiguo y solemne de lo que generalmente se cree. El palacio original (de 1099) ardió en 1834, y los arquitectos Charles Barry y Augustus Pugin crearon un edificio nuevo con vocación de antiguo: la gran fachada neogótica en tonos ocres—con reflejos de un dorado casi veneciano en días soleados—y la torre del Big Ben son más o menos de la misma época que el Palacio de las Cortes de Madrid. Barry y Pugin hicieron un denodado esfuerzo por recargar espacios y dar a los muros un aspecto medieval que armonizara con la contigua abadía de Westminster, un monumento de estilo gótico pero igualmente truculento, ya que sus torres fueron terminadas en 1745. La carrera de ambos arquitectos culminó y concluyó con aquel trabajo: al poco de rematarlo, Barry murió de agotamiento y Pugin fue internado de por vida en un manicomio.

De la genuina «cuna de la democracia» sólo quedan los cimientos y el impresionante Westminster Hall, un espacio vacío de 1.500 metros cuadrados bajo una fabulosa techumbre de roble instalada en tiempos de Ricardo II. Allí fue ejecutado en 1605 el conspirador católico Guy Fawkes, el hombre al que todos los niños ingleses aprenden a odiar desde pequeños («remember, remember, the Fifth of November») y que arde, como muñeco de paja, cada 5 de noviembre; allí colgó durante décadas la cabeza de Oliver Cromwell, después de restaurada la monarquía; allí se han celebrado justas medievales y han sido velados los cadáveres de los monarcas ingleses.

La Cámara de los Comunes, en cambio, es la sala más moderna. Una bomba alemana destruyó el trabajo de Barry en 1941, y en la reconstrucción, de 1950, se dejaron de lado las filigranas neogóticas: despojado de los tapizados de cuero verde y de las maderas nobles, el recinto podría pasar por un aula universitaria.

El sistema político británico es, al menos en parte, resultado de la disposición de unos muebles. Aunque la concepción original fue ya bipartidista, las cosas serían de otra forma si la Cámara de los Comunes no estuviera organizada como lo está: de un lado, según se entra a mano izquierda, los bancos del partido en el gobierno; enfrente, pero muy cerca—a la distancia de dos espadas: un supuesto e inverosímil vestigio de la época en que los diputados asistían armados a las sesiones—los bancos de la oposición. Dicen que un hemiciclo cuyo arco uniera físicamente a los dos bandos (que no son dos: hay liberaldemócratas, al menos un par de modalidades de unionistas norirlandeses—la dura y la salvaje—, republicanos norirlandeses e independentistas escoceses) sería casi incontrolable por el *speaker*, porque no existe tribuna de oradores: los diputados hablan desde el escaño, salvo el jefe del gobierno y el de la oposición, que se adelantan un paso para apoyarse en el pupitre que separa a los dos bandos. El uso de la palabra sin autorización, la anónima burla de colegio desde los pupitres del fondo, el abucheo y el pateo forman parte del espectáculo. El consenso es, salvo en cuestiones de guerra o terrorismo, un término tan fuera de lugar en los Comunes como en las gradas de los estadios.

La confrontación entre los dos bandos, los que gobiernan y los que no, es un espectáculo casi violento. Una línea trazada en el suelo separa a los *hooligans* de uno y otro lado, para impedir el contacto físico, y cruzar la raya es de las pocas cosas prohibidas en la cámara. El ambiente es especialmente caldeado en los debates que se prolongan más allá del anochecer, porque el alcohol suelta las lenguas. Y si en los comedores del Parlamento británico no se come especialmente bien—dejo el pollo al margen—, en los bares del edificio se bebe estupendamente.

—Algunos diputados, y en ocasiones algún ministro, han soltado aquí largas peroratas de beodo. Pero el auditorio es comprensivo. La situación sólo es desagradable si se ponen agresivos—explicó Milligan en un tono neutro.

En las Houses of Parliament hay 14 bares y restaurantes, uno de ellos, el de los Lores—llamado Bishops Bar—, realmente espléndido. Pero el parlamentario británico también abreva por los alrededores. Los no habituales del Red Lion, un pub estratégicamente situado entre la sede del Parlamento y la del Gobierno en el contiguo Whitehall (el área de Downing Street y los ministerios) pueden extrañarse al escuchar ocasionalmente el sonido de un timbre de tono grave, muy peculiar: se trata de la señal con la que se convoca a los diputados a votar, que resuena mediante altavoces por todo el complejo de las Houses of Parliament y se transmite, por vía telefónica, a hoteles y bares cercanos.

Un gran talento a la hora de mezclar la oratoria con la bebida espirituosa fue, por ejemplo, el del aristócrata y diputado conservador Alan Clark. Cuando un periódico sacó a relucir que Clark había mantenido relaciones sexuales con una conocida dama de la nobleza y casi simultáneamente con la hija de dicha dama, el hombre utilizó un turno de palabra para hacer un penoso alarde de su capacidad amatoria y para regar de insultos la cámara, el país y, en general, ese miserable universo que no se merecía a un machote como él.

El paté de Battersea

El Nuevo Laborismo de Tony Blair, y el Nuevo Conservadurismo que algún día conseguirán pergeñar los hoy atribulados *tories*, deben interpretarse como un esfuerzo por volver a la realidad después de un largo extravío. Los años setenta fueron muy duros para el Reino Unido. La decadencia económica, el duradero *shock* de la pérdida del imperio, la incertidumbre sobre el futuro y el malestar social llegaron al clímax en el «invierno del descontento» de 1978, en el que, como la derecha se encargó de recordar durante largo tiempo—en la última campaña electoral aún se habló de ello—, las huelgas impidieron (durante unos días) enterrar a los muertos. La caída del frágil gobierno laborista y la irrupción de Margaret Thatcher en Downing Street abrieron un período político extravagante: cuanto más a la derecha viraba la primera ministra, más se alejaba hacia la izquierda el nuevo líder laborista, Michael Foot. Era una situación manicomial en la que la llamada *loony left*—la izquierda loca o lunática—hacía oposición a una derecha no menos *loony*.

Surgió un partido centrista, el socialdemócrata de Roy Jenkins y David Owen (ambos lores en la actualidad), precursor de los contemporáneos liberales-demócratas. Pero al SDP le fue imposible romper el tradicional bipartidismo. Aquello era un juego reservado exclusivamente a los orates. Si la izquierda se atrincheraba en sus ayuntamientos y los declaraba territorio revolucionario, la derecha trataba de demostrar en los suyos que se podía funcionar sin funcionarios. Un caso representativo del thatcherismo municipal fue el de Wensworth, distrito que se consideró modelo de la gestión ultraliberal. Los nuevos munícipes descubrieron que había un tipo en nómina como «controlador de patos» en el parque de Battersea. Ajá, se dijeron: típico derroche heredado del laborismo. El controlador de patos fue despedido. Al poco tiempo, el parque de Battersea estaba repleto de palmípedas y literalmente cubierto de excrementos. La factura por limpiar todo aquello y exterminar las aves fue tremenda, pero no tanto como el patetismo del edil *tory* cuando aseguró que los costes quedarían cubiertos gracias a la comercialización de paté de foie criado en los parques municipales.

Mientras Margaret Thatcher afirmaba que la sociedad no existía y que el individuo era el principio y el fin de todas las cosas, Foot prometía a los sindicatos que lo nacionalizaría todo en cuanto llegara al poder. Los mineros permanecían en huelga eterna bajo un implacable acoso policial, la derecha erigía la xenofobia como legítimo estandarte e incluso antiguos primeros ministros conservadores, como Harold McMillan o Edward Heath, se declaraban horrorizados por lo que estaba ocurriendo.

Estas circunstancias orientaron a Anthony Blair, un joven estudiante de instintos conservadores, hacia las filas laboristas: «Opté por lo menos malo y lo menos injusto», le escuché decir una vez. Los corresponsales de *Le Monde*, France Presse, *Frankfurter Algemeine Zeitung* y *El País* habíamos creado un pequeño *pool* de prensa y almorzábamos semanalmente con políticos de rango medio, bajo el compromiso del *off the record*. Nuestro informador en las filas laboristas era Blair, supuesto *número cuatro* del partido tras Neil Kinnock, John Smith y Gordon Brown. Blair había elegido como lugar de encuentro un lugar muy poco laborista: el restaurante Rules, el más antiguo de la ciudad, cuyos platos de caza ya eran célebres cuando nadie había oído hablar de Napoleón. Almorzamos seis o siete veces con Blair en aquel restaurante de Covent Garden, y a todos nos causó la misma impresión: era un conservador con cierto sentido de la justicia social, detestaba a los sindicatos—la base económica y organizativa de su partido—casi tanto como Margaret Thatcher y disponía de un extraordinario poder de seducción. Negaba más de lo necesario su voluntad de desbancar a Kinnock, Smith y Brown (el primero cayó, el segundo murió y el tercero le cedió paso) para erigirse en líder, lo cual revelaba su ambición, y los cuatro periodistas acabamos haciendo una apuesta sobre si llegaría o no a primer ministro. No recuerdo quién ganó, pero sí que yo aposté por el abogado escocés John Smith, fallecido de infarto en 1994, con el argumento de que el laborismo nunca aceptaría a alguien tan tibio como Tony Blair. Gran visión de la jugada.

El cuero de los bancos, verde para los Comunes, es rojo para los Lores. La cámara donde sestean los aristócratas—ya por poco tiempo: Blair ha decidido echarles—y donde los políticos eméritos añoran glorias pasadas está recargada de ornamentos, el mayor de los cuales es el gran trono dorado—el único que existe en el Reino—desde el que el monarca inaugura el curso parlamentario. (El trono sirve también—ah, el pragmatismo inglés—para guardar, en un armario que se abre tras el respaldo, el aspirador de la limpieza.) El rey, la reina actualmente, puede penetrar en la Cámara de los Lores tras llamar tres veces a la puerta, con el fin de simbolizar la soberanía (que no radica en los ciudadanos, sino en «el monarca en el Parlamento»), pero tiene vedada la Cámara de los Comunes. El último rey que puso los pies en los Comunes fue Carlos I, en 1642, con la intención de detener a cinco diputados que le eran adversos. Carlos I fue decapitado siete años después del incidente.

La tensión de los Comunes se convierte en placidez en la amplia Cámara de los Lores. La asistencia a la cámara carmesí suele ser escasa, aunque los debates, no hay que engañarse, alcanzan a veces un nivel excepcional: entre los *life peers* (personas ennoblecidas por sus méritos personales, sin derecho a transmitir el título a sus descendientes) hay grandes especialistas en ciencias y humanidades, y la falta de presión política permite emplear el humor, la erudición, la persuasión amable. Las comisiones, además, elaboran de forma periódica informes muy reputados sobre asuntos como la legislación de la Unión Europea. En cuanto al nivel jurídico, es el máximo: los miembros del más alto tribunal del país, los *law lords*, pertenecen de oficio a la cámara.

Bastantes lores pasan con frecuencia por el edificio (no hay en todo el país mejor residencia de día para la tercera edad), pero raramente se dejan caer sobre el banco rojo. El Lord Chancellor, sentado en su almohadón relleno de lana procedente de todos los extremos del antiguo imperio—un símbolo de cuando la exportación textil era la base de la riqueza británica—desgrana con parsimonia el orden de la sesión y distribuye el turno de palabra, que, sin límite de tiempo, consumen los oradores. Algunos hablan con frecuencia—los más influyentes—, otros de forma excepcional—los especialistas— y la mayoría no abre nunca la boca. El ex primer ministro Harold Wilson, por ejemplo, desistió de hablar en cuanto le aparcaron para siempre en la cámara roja: iba, se sentaba y, con la acuosa mirada perdida en alguna cornucopia, dejaba pasar las horas en silencio. Wilson, sin decir palabra, se hundió poco a poco en la locura. Murió loco.

Hay más de mil lores con derecho a escaño, pero menos de 300 acuden con regularidad al Parlamento, y otros tantos sólo han ido en una ocasión, a recoger su credencial. Cuando Margaret Thatcher comprobó que su ley más impopular, la que establecía un impuesto municipal llamado *poll-tax*, podía ser rechazada por el puñado de habituales de la Cámara de los Lores, lanzó una masiva operación de busca y captura por todas las fincas aristocráticas del país y todos los clubes de Saint James. Bajo promesas o amenazas, muchos lores se presentaron por primera vez en la Cámara para votar a favor de Thatcher y el *poll-tax*. No cupieron todos a la vez, por supuesto. Se reencontraron en los pasillos con viejos amigos o enemigos de Eton, votaron, tomaron una copa y volvieron a lo suyo.

El llamado Lords Bar es el único lugar del edificio

abierto a todo el mundo: desde lores y diputados a oficinistas y prensa. Los *barmen* son auténticos maestros del oficio, la terraza sobre el Támesis es una maravilla en verano y no hay hora de cierre. Fueron los lores quienes más trabajaron para hacer obligatoria la depuración de las aguas vertidas al Támesis y para el saneamiento general del río. El olor a cloaca en sus bancos y en su bar fue, hasta bien entrado el siglo XX, una de las quejas que la nobleza y el alto clero presentaban anualmente al gobierno. Ahora pueden ingerir sus gin and tonic en un ambiente tan limpio como el de sus fincas rurales.

La dictadura parlamentaria

El sistema político británico es altamente imperfecto. Por vivos que sean los debates parlamentarios, su incidencia sobre la realidad es poca. El sistema electoral mayoritario, el llamado *first past the post* (gana en cada circunscripción el que obtiene más votos y los demás se quedan sin nada), favorece la constitución de mayorías absolutas y de gobiernos fuertes. Aunque los diputados disfrutan teóricamente de libertad de voto, los jefes de los grupos parlamentarios—significativamente llamados *whips*, látigos—se encargan de velar por la disciplina y cuentan con la definitiva amenaza de expulsar a los díscolos: eso significa que nunca serán reelegidos, porque salvo excepciones históricas un candidato no avalado por uno de los grandes partidos carece de posibilidades. Para casos extremos, los whips, que acumulan información privada sobre sus pupilos—negocios turbios, aventuras sentimentales, etcétera—, no dudan en recurrir al chantaje.

El poder casi absoluto del gobierno se complementa con la falta de una Constitución escrita, la inexistencia de algún tribunal u organismo dedicado a controlar los excesos gubernamentales y la mezcla de los tres poderes clásicos—ejecutivo, legislativo y judicial—en el Parlamento. El primer ministro, en resumen, puede hacer lo que le venga en gana. Sólo debe velar para que sus diputados no se rebelen y le sustituyan. Mientras les tenga contentos, carecerá de límites. El sistema británico suele calificarse de dictadura electa.

Si una palabra caracteriza el actual sistema británico, esa es la palabra *quango*. Se trata de las siglas de Quasi Autonomous Non Governmental Organization (organización no gubernamental casi autónoma), aunque el nombre real de esos organismos sea el de Non Departmental Public Body (órgano público no departamental). Un *quango* es una comisión nombrada por un ministro, con todos los poderes que quiera cederle el ministro, y responsable de sus acciones solamente ante el susodicho ministro. Hay *quangos* para velar por la pureza del agua, por el contenido de los programas televisivos, por la honradez de los procedimientos de privatización, por la equidad en la financiación de las escuelas y para casi cualquier cosa. A principios de 1997 existían exactamente 5.681 *quangos* con poderes ejecutivos en el Reino Unido, y la cifra tiende a aumentar. Cada uno de los miembros de un *quango* (los hay de 10, 20, 30, 50 o más consejeros, más los empleados) cuenta, por supuesto, con un sueldo y unas cuantas prebendas, lo cual garantiza la fidelidad al ministro que le nombra y que puede destituirle.

Con todos estos defectos, el Reino Unido es el único país europeo—Suiza al margen—que no ha padecido un solo segundo de tiranía en el siglo XX. Tiene la ventaja de ser una isla y gozar de una cierta protección frente a invasiones indeseables, cierto. Las claves, sin embargo, deben buscarse en un conjunto de factores: en la flexible excentricidad del sistema político; en la competencia y honestidad de sus funcionarios, los *civil servants* caricaturizados en la serie de televisión *Sí, ministro*; y, sobre todo, en la idiosincrasia de los británicos. No son siquiera ciudadanos, son súbditos, pero valoran extremadamente su libertad individual. No creen en las grandes ideas ni en los derechos colectivos, carecen de proyectos globales, son reaccionarios, egoístas, mezquinos. Pero, señores, incluso el *hooligan* que vomita en una calle de Benidorm posee un instinto civil específico, una especie de herencia genética que le hace desconfiar del Estado, del poder, de todo cuanto se sitúe más allá de su por lo general limitado discernimiento. Salvo el puñado de imbéciles que existe en todas partes, incluso los británicos que simpatizan con el fascismo y con las dictaduras—en la filas conservadoras no escasea la admiración por personajes como Augusto Pinochet—las aplauden porque todo eso ocurre en el extranjero, *abroad, overseas,* allí donde convienen esas cosas. Ni siquiera una idea tan poderosa como el marxismo llegó a calar en la izquierda británica, organizada en torno al sindicalismo y el cristianismo.

Políticamente manso, brutal e infatigable cuando se le envía a la guerra, el británico es la pieza maestra de la democracia (limitada) más antigua del planeta. Que ningún militar le prometa poner orden en el país, que ningún revolucionario le prometa justicia: él reclama que le bajen los impuestos y que le dejen tranquilo. Si alguien llama a la puerta a las seis de la mañana, será el lechero o el destripador, pero no unos tipos dispuestos a construir un mundo mejor a base de fusilamientos.

O diputado, o nada

El diputado Milligan había sido periodista y había trabajado en casas tan prestigiosas como *The Economist* o la BBC. Por lo que hablamos durante aquel almuerzo de pollo y durante el recorrido por las dependencias del Parlamento, me pareció que Milligan estaba en el ala menos reaccionaria de su partido, que tenía muchísima ambición y que era razonablemente honesto.

—El sistema británico obliga a trabajarse el escaño y, además, es saludablemente cruel con quienes lo pierden—comentó. Aquí, si no eres diputado, no eres nada.

Recordé las palabras de Milligan años después, en Barcelona. La Generalitat de Cataluña entregaba con gran solemnidad un premio a Jacques Delors, ex presidente de la Comisión Europea y bestia negra de los *tories* llamados euroescépticos (la denominación apropiada sería antieuropeos), y yo ocupaba uno de los recónditos puestos laterales reservados a la prensa. Alguien se sentó a mi lado, y resultó ser Michael Portillo, ex ministro de Defensa, euroescéptico feroz, quizá futuro líder de los *tories.* Un hombre que procuraba incluir en todos sus discursos, fuera cual fuera el auditorio, tres estribillos: había que reimplantar la pena de muerte, había que privatizar hasta el aire y había que acabar con Jacques Delors.

—Oiga, ¿no es usted Michael Portillo?— pregunté.

—Me temo que sí—respondió en voz baja.

—¿Y qué hace aquí?

—¿Usted cree que me reconocerán?

Miré a mi alrededor. Nadie parecía especialmente alerta en la penumbra del gran salón gótico. Un violoncelista contribuía con su música al letargo ambiental.

—No, no creo que le reconozcan—aventuré, arriesgándome a herir su amor propio.

Portillo se hundió un poco más en su silla.

—Perdí el escaño en las últimas elecciones y ahora preparo un documental sobre el Partido Conservador para la BBC. Una de las cuestiones que había que abordar era la europea, y hacía falta el testimonio de Jacques Delors. Le llamé por teléfono y me dijo que no tenía tiempo para nosotros, pero que si me acreditaba como periodista en este acto de Barcelona y tenía al cámara a punto, tal vez se dignaría concederme un minuto al terminar la ceremonia.

Delors se cobró venganza. Efectivamente, la política británica es tajante: o cuentas con votos y eres diputado, o no eres nada. Milligan tenía razón.

No volví a ver a Stephen Milligan. En febrero de 1994 le hallaron muerto en la cocina de su casa. Vestía liguero y medias, se cubría la cabeza con una bolsa de plástico, un cable telefónico le ceñía el cuello y una naranja le llenaba la boca. Falleció, probablemente, durante un alambicado ejercicio masturbatorio. Me apenó escribir una crónica sobre aquello. Pensé en sus bocadillos nocturnos y me pareció que, en efecto, debía sentirse muy solo.

EL ESTE

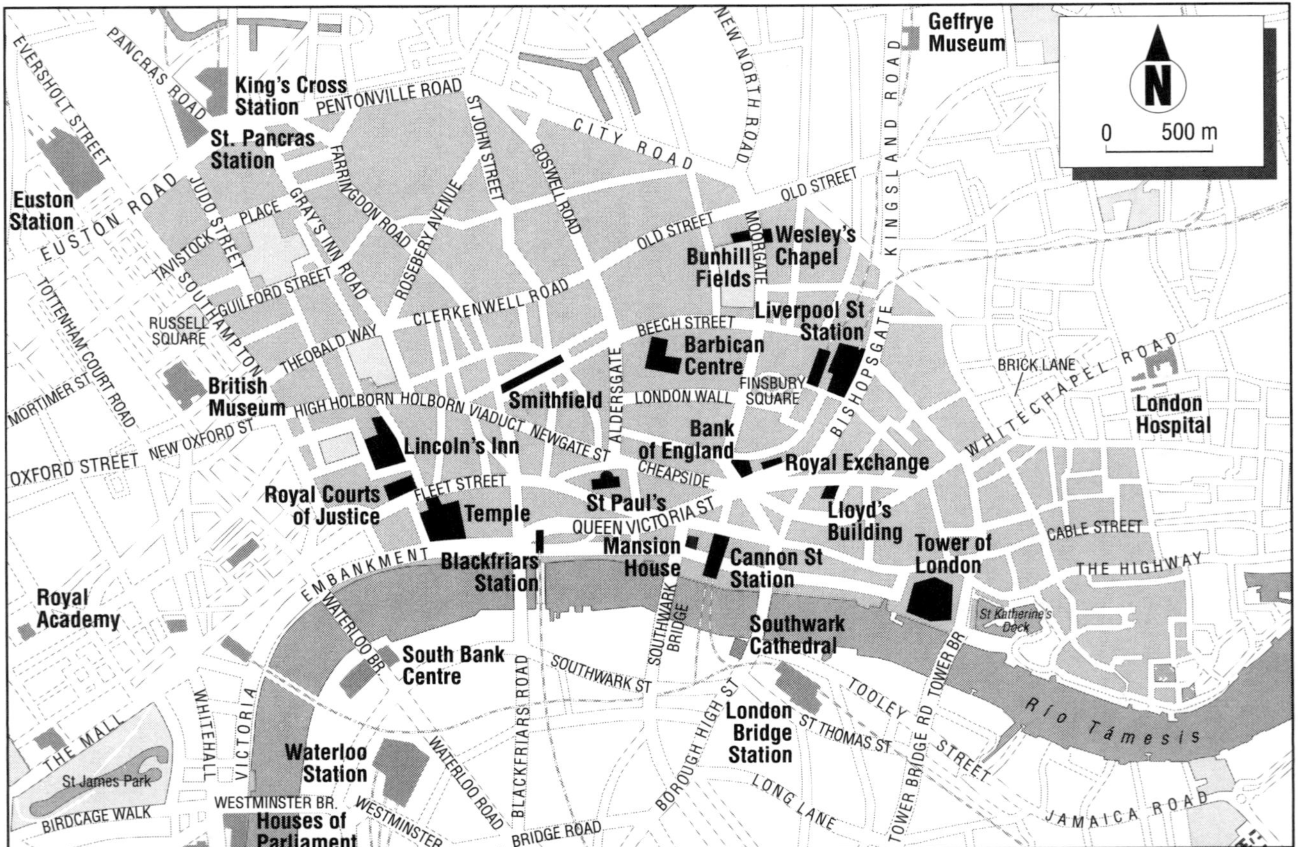

N
0 500 m
Geffrye Museum
King's Cross Station
St. Pancras Station
Euston Station
British Museum
Russell Square
Lincoln's Inn
Royal Courts of Justice
Temple
Smithfield
St Paul's
Bunhill Fields
Wesley's Chapel
Liverpool St Station
Barbican Centre
Finsbury Square
Bank of England
Royal Exchange
Lloyd's Building
Mansion House
Cannon St Station
Blackfriars Station
Tower of London
London Hospital
St Katherine's Dock
Southwark Cathedral
London Bridge Station
South Bank Centre
Waterloo Station
Houses of Parliament
Royal Academy
St James Park
Río Támesis
Eversholt Street
Pancras Road
Pentonville Road
Euston Road
Judd Street
Tavistock Place
Southampton
Guilford Street
Gray's Inn Road
Farringdon Road
Rosebery Avenue
St John Street
Goswell Road
City Road
New North Road
Kingsland Road
Old Street
Moorgate
Clerkenwell Road
Beech Street
Theobald Way
Tottenham Court Road
Mortimer St
High Holborn
Holborn Viaduct
Newgate St
Aldersgate
London Wall
Bishopsgate
Brick Lane
Whitechapel Road
New Oxford St
Oxford Street
Fleet Street
Cheapside
Queen Victoria St
Cable Street
The Highway
Embankment
Waterloo Br.
Southwark Bridge
Southwark St
Blackfriars Road
Borough High St
St Thomas St
Tooley Street
Tower Br
Tower Bridge Rd
Long Lane
Jamaica Road
Whitehall
Victoria
The Mall
Birdcage Walk
Westminster Br.
Westminster
Waterloo Road
Bridge Road

La medalla de papel

No tendría más de 30 años, era un empleado de banca no especialmente brillante, trabajador y ordenado, sin duda, y acababa de cobrar una prima de 200.000 libras esterlinas (unos 50 millones de pesetas). Vestía el uniforme reglamentario—el *pin-striped suit,* el traje a rayas—y lucía una invisible medalla en el pecho: el cheque era un dineral con el que podría comprar una casita en Metroland, la inmensa región residencial que rodeaba Londres y extendía sus tentáculos ferroviarios hacia Essex, Kent, Surrey y Buckinghamshire, o un *cottage* en Gales, pero constituía también una condecoración que reconocía su valor y pericia en el combate diario contra americanos, japoneses y alemanes.

Yo asistía al copetín navideño del banco Barclays, un acto que congregaba a buena parte de la juvenil infantería de la City, y me entretenía escuchando los acentos. Abundaban las vocales espesas de Essex y, en general, la dicción sincopada del sureste inglés. Apenas se escuchaba el *received accent* de Oxford y Cambridge, característico de la alta oficialidad, nacida ya con el fajín de Estado Mayor, las insignias y el asistente. Los presentes en aquella celebración eran soldados con camisa de seda y bolsos de Vuitton, chicos y chicas que podían ganar pequeñas fortunas o quedarse en paro por un golpe de azar o por un movimiento del dedo índice de un gran patrón. Eran las fuerzas de choque de la Milla Cuadrada, descendientes directos de quienes durante siglos, en nombre de sus señores y de la corona, condujeron pelotones uniformados y cargamentos de manufacturas hacia las remotas fronteras del Imperio.

La sólida clase media inglesa, dócil, sensata y conservadora, es un producto imperial. Un patán que combatiera durante años contra los afganos, los zulúes o las tribus sudanesas, y saliera con vida para contarlo, podía regresar al país con unos galones, una pequeña renta y un cierto prestigio social. Lo mismo ocurría con los desheredados que buscaban fortuna como escribientes o administrativos en polvorientos poblados africanos, o en populosas ciudades asiáticas, o en la gigantesca penitenciaría australiana. El proletariado nativo o inmigrante que permanecía en la metrópoli y moría lentamente en fábricas, puertos y minas, no recibía en cambio casi nada del maná ultramarino.

Desaparecido el imperio, algo queda todavía. Como tras una amputación, la City, cerebro de un sistema nervioso que envolvió el planeta con sus terminales, siente aún sus miembros desgajados, percibe en su interior la facultad de mover las piernas y brazos que ya no están. La City londinense es hoy la abstracción del imperio extinto, el territorio en que la aristocracia conduce ejércitos a la victoria o al exterminio, la guerra diaria en que los jóvenes pueden abrirse camino gracias a una heroica acción en el campo de batalla enemigo—el mercado de bonos japoneses sustituye a la ciudadela de Jartum—, la metrópoli virtual donde se cierran miles de millones de transacciones y donde una ingente clase administrativa puede aún enriquecerse, o cuando menos medrar.

«No hay lugar en la ciudad que me guste tanto frecuentar como el Royal Exchange [la Bolsa]. Me proporciona una secreta satisfacción, y hasta cierto punto gratifica mi vanidad de inglés, ver una asamblea tan rica de gente del país y de extranjeros en común consulta sobre el negocio privado de la humanidad, y haciendo de esta metrópoli una suerte de *emporium* para todo el planeta». El párrafo es de Joseph Addison y fue publicado en *The Spectator* en mayo de 1711. Hoy es tan válido como entonces.

Acaso por un abuso de champán, aquella noche, en el Barclays, creí ver una fantasmagórica tropa uniformada que defendía, vaso en mano, la última trinchera del imperio.

Ese año, 1992, no había sido como otros años. A juzgar por los acontecimientos, la City debía estar reclamando ayuda humanitaria internacional: en mayo había suspendido pagos la canadiense Olympia & York, promotora del gigantesco complejo urbanístico de Canary Wharf; en junio estalló la crisis de Lloyd's, la mayor aseguradora del mundo; en septiembre se hundió la libra y el Banco de Inglaterra quedó humillado y casi sin reservas. Mientras tanto, la monarquía atravesaba su peor crisis desde la abdicación de Eduardo VIII en 1936 y el IRA colapsaba las comunicaciones con bombas en las vías del tren y el metro y dejaba vacíos los comercios con artefactos incendiarios. La City era una ciudadela amurallada, la policía registraba uno a uno los automóviles en busca de explosivos norirlandeses y en los rincones se amontonaban aún los cascotes del último atentado.

El Reino Unido boqueaba en plena recesión, miles de familias perdían su casa porque no podían pagar la hipoteca y una legión de mendigos tiritaba por las calles.

Sin embargo, ahí estábamos, vaciando cajas de champán. Y ese treintañero, al que yo llamaba de vez en cuando para que me dictara unas cuantas obviedades con las que trufar una crónica sobre la actualidad financiera, tenía en el bolsillo su condecoración, un cheque por valor de 200.000 libras.

—Las bonificaciones navideñas no están relacionadas con la economía real. Este año, por ejemplo, no ha sido malo para los cambistas: apostaron contra la libra, y ganaron—me explicó alguien.

—¿No hay años malos en la City?

—Si preguntas por un año realmente malo, llevas doce meses andando sobre él—ironizó mi interlocutora, y me señaló a dos o tres personas que acababan de perder su empleo.

Hacia la Navidad siguiente, esa misma persona me telefoneó para despedirse porque dejaba el país. Estaba embarazada, sin empleo y muy deprimida.

En la Europa continental se tiende a pensar que las finanzas son algo plenamente integrado en el conjunto de la actividad económica, más o menos controlable y finalmente positivo para la sociedad. Pese a las tensiones de la mundialización—el Prometeo del capitalismo por fin desencadenado—y la evidencia de que los ricos lo son cada vez más, sobrevive en el continente una cierta fe en el circuito virtuoso: el dinero se invierte y crea una riqueza que revierte a su vez sobre la ciudadanía por la doble vía de los salarios y la redistribución fiscal.

El capitalismo británico no ve las cosas de ese modo. Forjado por las leyes del comercio y del imperio, nunca, ni siquiera durante el tenebroso periodo de gloria manchesteriano, ha creído en la producción, sino en la especulación. O en la apuesta. Los beneficios deben ser rápidos y elevados, y lo más alejados que se pueda a fábricas, talleres, trabajadores y demás engorros. Eso, unido a una incapacidad casi patológica para la redistribución de la renta de modo más o menos equilibrado, conduce a una montaña rusa en la que un *boom* ubérrimo es seguido por una recesión abisal. «La debilidad de la economía británica, particularmente el nivel y el carácter de la inversión, tiene su origen en el sistema financiero. Los objetivos de beneficio son demasiado altos y los horizontes temporales demasiado cortos. Pero las finanzas británicas no han crecido en el vacío. Tras las instituciones financieras figura la historia, las clases, un conjunto de valores y el sistema político. La City de Londres y Whitehall [gobierno] y Westminster [Parlamento] son simbióticos», explica Will Hutton en *The State we're in*, un instructivo ensayo sobre la economía británica contemporánea.

La Milla Cuadrada, cuna de Londres, fue tradicionalmente un contrapoder, un obstáculo para las tentaciones absolutistas. Los grandes financieros y comerciantes de la City utilizaron a fondo el dinero, es decir, la potestad de sufragar o hacer inviables guerras, aventuras coloniales y ampliaciones palaciegas, para erosionar durante siglos los poderes de la monarquía, y puede decirse que fueron ellos quienes más contribuyeron a moldear el sistema político británico. Si hubo firmeza con los reyes —nunca tanta como para que se les negara el acceso a los títulos nobiliarios, hereditarios para los realmente poderosos, vitalicios para las medianías—, con la aristocracia siempre se mantuvo una cooperación rayana en la pleitesía o en el puro embeleso. La aristocracia es el gran patrón social del Reino Unido. Volvamos un momento a Hutton:

> El ideal caballeresco viene de muy lejos en la vida británica, e historiadores como Cain y Hopkin argumentan que fue la fuerza motriz en la creación del capitalismo británico. La aristocracia terrateniente utilizó la revolución constitucional del siglo XVII para asegurar su control sobre el Parlamento y el Estado, de forma que su prestigio social y su poder económico se combinaran con un creciente músculo político. [...] Una renta caballeresca era necesariamente una por la que el receptor no trabajara de forma demasiado evidente. Idealmente proce-

día de la tierra, pero la siguiente mejor opción era la renta por intereses, dividendos y minutas profesionales, por lo que el dinero hecho en las finanzas era casi tan bueno como disponer de fincas en los condados. La manufactura era menos deseable socialmente, y aunque fabricantes e inventores fueron brevemente celebrados a mediados del siglo XIX, los viejos valores se impusieron de nuevo con rapidez.

El historiador Bill Rubinstein demuestra que ni siquiera en el siglo XIX, la edad dorada de la industria inglesa, las rentas altas y medias de zonas industriales como Yorkshire o Lancashire llegaron a aproximarse a las rentas altas y medias de Londres.

La City mantiene aún los privilegios concedidos por el normando Guillermo el Conquistador (siglo XI), con su Lord Mayor, sus guilds (gremios) y su cuerpo de policía propio. El Lord Mayor luce unos collares muy vistosos, se disfraza para los desfiles y ofrece un solemne banquete una vez al año en alguno de los fabulosos salones de los guilds. Suele vérsele como una figura pintoresca, pero es en realidad la cabeza visible de la Corporación. Y la Corporación es la dueña de la City, porque un tercio de los solares y fincas urbanas de la Milla Cuadrada es suyo. Sus cargos son hereditarios o cooptados dentro de la sólida red de *old boys* de Eton y Oxbridge. En la Corporación están los escualos; fuera, en autobús o en Mercedes, están los peces, pequeños o grandes.

La City ardió en el gran incendio de 1666 y sufrió una terrible devastación durante los bombardeos alemanes de 1940, el llamado *blitz*—un ataque masivo cada noche, sin fallar ni una, entre el 7 de septiembre y el 2 de noviembre—por lo que su configuración medieval es apenas perceptible. Con la excepción de la Torre de Londres y algunos fragmentos de la muralla romana que rodeaba el Londinium de hace 2.000 años—lo que hoy es la City—, la historia se ha esfumado. Si quedaba algo, la especulación inmobiliaria se cuidó de acabar con ello.

Sólo alrededor del Banco de Inglaterra («la vieja dama de Threadneedle Street») y de Mansion House sobreviven algunas de las callejas oscuras por las que circularon los pañeros lombardos, los relojeros hugonotes, los frailes blancos y negros y las multitudes que asistían a los ahorcamientos.

Lo suyo, hoy, son los «edificios singulares». Y entre ellos, el más singular es el que alberga la aseguradora Lloyd's. Durante un tiempo, me gustó entrar en el gran vestíbulo para observar el trajín matutino y acercarme a la famosa campana. «Cuando un barco se hunde en cualquiera de los siete mares, se hace una anotación en el libro de Lloyd's y repica la vieja campana», dicen las guías turísticas. Lloyd's nació en 1688 en un café de Tower Street en el que se reunían banqueros, navieros y comerciantes para hacer negocios. El dueño, Edward Lloyd, llegó a publicar un periódico con lo que escuchaba a la clientela. El seguro como negocio sistemático se inventó en aquel café. Y no se inventó, como las mutualidades aseguradoras centroeuropeas, para proteger a los pequeños inversores y propietarios, sino como una pura apuesta contra el destino cruzada por dos grandes patronos. Ay, esa augusta elite imperial británica «de áspero paladar y beber seco» de que hablaba Néstor Luján.

La campana de Lloyd's me parece menos hermosa desde que encontré a una secretaria del periódico donde yo tenía mi oficina—*The Independent*—llorando a la puerta del edificio. Acababa de recibir una carta de Lloyd's en la que se le reclamaba el pago de más de 100.000 libras, unos 30 millones de pesetas.

Lloyd's consiste, básicamente, en un grupo de unas

25.000 personas que reaseguran todos los seguros del planeta. Esas personas, llamadas Nombres, se agrupan en cientos de sindicatos especializados por sectores, y depositan la cantidad que desean invertir: un millón, cien millones o mil millones, no hay límite máximo. Normalmente, las aseguradoras de todo el mundo son solventes ante su clientela, y los Nombres obtienen una alta rentabilidad porque se embolsan las primas. Pero cuando las cosas van muy mal, las aseguradoras acuden a Lloyd's para cobrar sus reaseguros. En ese caso, conforme se agotan las reservas que deben amortiguar el golpe, no se pierde sólo lo apostado. La secretaria que lloraba había invertido 10.000 libras, y se le exigían más de 100.000: más de lo que valía su casa. Lloyd's perdió en 1992 unos 371.000 millones de pesetas. Curiosamente, los gestores de los sindicatos—los que conocían realmente cada reaseguro y su evolución, y podían colocar su dinero en el lugar menos arriesgado—obtuvieron grandes beneficios. El presidente de la entidad dijo que el desastre fue causado «por incompetencia, o por la voluntad de Dios, o por ambas cosas a la vez». Al cabo de unos años, Lloyd's salió de la crisis, sin que a nadie se le exigieran responsabilidades por «incompetencia»: finalmente, según parece, sólo Dios fue culpable. Pero la secretaria tuvo que hipotecar su casa y endeudarse hasta las cejas.

Por eso creo que, pese a la audacia y el color de la obra arquitectónica de Richard Rogers, conviene entrar en el Lloyd's Building con la reverencia y el temor con que los siervos penetraban en las catedrales medievales: la suerte o la desgracia, la fortuna o la ruina están en manos de alguien allá en lo alto, en la última planta del rascacielos.

Los bancos y el cementerio

La Milla Cuadrada puede dividirse en dos partes. La oriental tiene un carácter casi exclusivamente financiero. En la occidental, que incluye la catedral de Saint Paul, la banca creció acompañada por otros dos negocios: los bufetes de abogados—de los que aún quedan muchos—y los periódicos—de los que ya no queda ninguno.

La estación de Liverpool Street es la genuina puerta oriental de la City, el umbral que cruza cada mañana la mayor parte de los 300.000 soldados que defienden las fronteras virtuales del imperio: el ejecutivo que reside en un suburbio elegante, la secretaria que alquila un cuchitril muy al sur del río o el mozo que vive con sus padres en una barriada del East End.

Cuando hablo de los soldados de la City, la metáfora es muy leve. Si llega a serlo. Yo los vi en acción el 26 de abril de 1993, un lunes que no fue como los demás. El sábado anterior, el IRA había hecho estallar en el corazón de la ciudadela un camión cargado con una tonelada de explosivos. Decenas de edificios quedaron destrozados y ningún cristal resistió la onda expansiva. Los daños se evaluarían, con el tiempo, en unos 60.000 millones de pesetas. Ese lunes, al amanecer, la City estaba devastada. Pero antes de que saliera el sol se veían ya sombras escalando las montañas de cascotes y chapoteando por inmensos charcos, y a las ocho de la mañana todos los empleados formaban—casi militarmente—ante las ruinas de su empresa. En pocos minutos se crearon grupos, se establecieron cuarteles provisionales en domicilios particulares, se aseguraron los servicios mínimos y se mantuvo la actividad. Nadie faltó a la operación. Aquello era una forma de desafiar al terrorismo, sí, pero traslucía también la íntima consciencia de que eran gente de la City, los guardianes de la última trinchera, y que detener aquel corazón codicioso de Gran Bretaña significaba paralizar el país.

La estación de Liverpool Street dispone de una cubierta moderna, blanca y luminosa, sobre un enorme vestíbulo hecho para la confusión y la prisa. Por debajo, sin embargo, respira en la oscuridad el viejo monstruo del metro londinense. La estación de las líneas Circle y Metropolitan es casi exactamente como era a principios de siglo, cuando el chaqué y el bombín—la vestimenta que caricaturizó el londinense Charles Chaplin—constituían las prendas de rigor en la City.

El nudo de comunicaciones de Liverpool Street es un gran centro de observación hacia las ocho de la mañana, cuando las tropas llegan a sus puestos de combate más o menos frescas—la vida del *commuter*, con sus madrugones, sus viajes en vagones repletos y bamboleantes y su crucigrama garabateado en el periódico, tiene su dureza: se adivina en sus ojos la sombra del leve pero incurable *jet lag* de quien vive en el campo y trabaja en la ciudad. O a partir de las cinco de la tarde, cuando se acumulan por los alrededores con un vaso en la mano. Si se elige la opción vespertina, vale la pena dejarse caer por el Dirty Dick's, contiguo a la estación, en Bishopsgate.

El Dirty Dick's es uno de los mejores pubs de la City. Y tiene una historia sórdida, no del todo inapropiada para la zona. El «sucio Dick» del rótulo era Nathaniel Bentley, un ferretero que vivió en el número 46 de Leadenhall Street. El día de su boda, con el banquete ya dispuesto, la novia murió repentinamente y Bentley, abrumado por el dolor, cerró la sala donde debía celebrarse el festejo para no abrirla nunca más. Los manjares del banquete se pudrieron y Bentley también: no volvió a lavarse o afeitarse y se dejó morir muy lentamente, rodeado de inmundicias y cadáveres de gatos. De ahí el apodo de Dirty Dick. Cuando el ferretero falleció, en 1819, convertido en una auténtica leyenda, el dueño de un pub de Bishopsgate compró la basura amontonada por Bentley y expuso en su establecimiento, rebautizado como Dirty Dick's, los restos del banquete y los cadáveres de los gatos. Charles Dickens vio muchas veces aquella miserable decoración y se inspiró en la tragedia de Dirty Dick para crear el personaje de Miss Haversham en *Grandes esperanzas.* La parafernalia del pobre Dick fue retirada en 1985, pero aún se exhibe en el pub algún gato momificado.

De la estación de Liverpool Street se sale en dirección a poniente. A espaldas de la estación se alza la intangible pero raramente franqueada frontera oriental de la City, y con ella la transición más abrupta de Londres. Con diez o doce pasos, los necesarios para cruzar Bishopsgate, se deja el barrio que atesora la riqueza, y la exhibe hasta donde permite el pudor inglés, y se entra en el East End, un barrio cuyo nombre evoca el potaje rancio de la pobreza, el sudor y la humedad.

La gran arteria de esa zona de la City es Moorgate, una acumulación de bancos, edificios de oficinas, pubs y tiendas de emparedados que pierde densidad conforme uno se aleja de la sede del Banco de Inglaterra, en el extremo sur, y se acerca a Finsbury Square. Ese cuadrado impersonal fue un día, a finales del siglo XVI, uno de los prodigios de Londres. Ahí estaba El Templo de las Musas, la librería de James Lackington, la mayor del mundo. El escaparate medía casi 50 metros de un extremo a otro. La gran tienda de libros ardió en 1841, los armónicos edificios del square fueron destruidos por las bombas alemanas, y la especulación de los años ochenta se encargó de destruir cualquier vestigio del pasado. La solitaria figurilla de un Mercurio, sobre uno de los edificios, parece velar por las almas angustiadas que transitan por ese páramo desolado de hormigón y cristal. Durante años pasé diariamente por Finsbury Square, y nunca dejé de elevar la vista hacia el Mercurio.

Un poco más allá, ascendiendo City Road, está Bunhill Fields.

Si existen lugares bondadosos—y yo deduzco que sí, porque conozco un lugar realmente malvado: es una plaza de Viena—, Bunhill Fields debe ser uno de ellos. Esos palmos de paz fueron hace siglos un gran cementerio—Bunhill es una deformación de Bone Hill, «la colina de los huesos»—, pero tras los bombardeos alemanes se agruparon las lápidas y los monumentos en un terreno relativamente pequeño. Ahí eran enterrados los «no conformistas»—los cristianos no pertenecientes a la iglesia anglicana—y algún que otro suicida o ateo. En Bunhill, bajo lápidas ennegrecidas y cuarteadas por el tiempo, reposan los restos del autor de *Robinson Crusoe*, Daniel Defoe, del poeta William Blake y de John Bunyan, que con su monumental *The Pilgrim's Progress* (1678) elevó el inglés popular a la categoría literaria hasta entonces monopolizada por el latín. Cuando llega ese día de mayo en que por fin, tras meses de oscuridad y lluvia ininterrumpida, sale el sol, el césped húmedo y brillante de Bunhill Fields acoge a cientos de ciudadanos que comen bocadillos, leen o miran sonrientes al cielo. Y la bondad del lugar impregna los espíritus.

A un lado del cementerio se alzan los cuarteles del Honourable Artillery Corps, un regimiento dentro del regimiento de la City. El HAC es un cuerpo no regular que nació como fuerza armada del Parlamento de

Cromwell en la guerra contra el rey y hoy se fija objetivos más modestos: permite a los ejecutivos del barrio lucir un uniforme de vez en cuando y salir de maniobras algún fin de semana. La función principal de tan selectas tropas es dar realce a las ceremonias de la City. Como curiosidad, en esos cuarteles tuvo su sede uno de los primeros clubes de críquet de Inglaterra, y desde esos cuarteles se elevó el primer globo aerostático británico.

Del otro lado, en el 40 de City Road, hay un bloque de viviendas que en su día fue la sede de *The Independent.*

Antes de que *The Independent* saliera a la calle por primera vez, su fundador y director, Andreas Whittam-Smith, encargó a Annie Leibovitz que tomara unas fotografías de los principales responsables de aquella gran aventura periodística. A Leibovitz se le ocurrió hacerles bajar al cementerio y, dado que un águila grabada junto a la cabecera del diario simbolizaba su independencia y altura de miras, consiguió un águila auténtica, perfectamente viva y ligeramente malhumorada, y la colocó sobre el brazo derecho de Whittam-Smith. En aquellas imágenes, el águila exhibe una mirada de auténtico director, mientras los ojos del periodista son los de un auxiliar de redacción a punto de ser devorado por el redactor-jefe. El periódico, a fin de cuentas, resultó excelente y fue en los años ochenta una de las referencias de la prensa de todo el mundo.

En la otra acera de City Road, justo enfrente, existe un pub llamado The Angel, como tantos otros, tan frecuentado antaño por los periodistas de *The Independent* que se instaló en él un teléfono del diario. Y al lado está Wesley's Chapel, un diminuto complejo religioso en torno a la casa donde vivió John Wesley, el fundador de la secta metodista. La capilla es, a efectos prácticos, casi una catedral del metodismo. Allí contrajo matrimonio Margaret Hilda Roberts, que al adoptar el nombre de su marido quedó en Margaret Thatcher.

La calle del cerdo gigante

El extremo occidental de la Milla Cuadrada está delimitado por una frontera visible, la del dragón alado (que marca el punto donde el monarca tiene que solicitar permiso al Lord Mayor para penetrar en la City), y otra invisible, la del río Fleet. El río, que recoge aguas en Hampstead y en las lagunas de Highgate y fluye junto a la estación de King's Cross, existe aún, pero está totalmente cubierto desde finales del siglo XVIII y forma parte del alcantarillado. El Fleet, conocido en tiempos como «cloaca máxima», tenía fama de ser el río más sucio y pestilente de Londres. De ahí su soterramiento, que proporcionó a la prensa de Fleet Street una larga ristra de titulares sensacionales basados en una pintoresca leyenda: la del cerdo gigante. El *Gentleman's Magazine* recogió la primera noticia, el 24 de agosto de 1736, al informar de que un carnicero que había perdido un cerdo lo había encontrado al cabo de cinco meses en la cloaca del Fleet; el animal había engordado extraordinariamente gracias a las inmundicias fluviales y fue vendido por el no menos extraordinario precio de dos guineas. A partir de ahí, se sucedieron los presuntos avistamientos de gorrinos, cada vez más monstruosos y voraces, monarcas en un mundo de oscuridad, ratas y excrementos. Esa leyenda de la dinastía de porcinos mutantes precedió en más de dos siglos a la leyenda neoyorquina de los cocodrilos albinos.

Fleet Street debería contemplarse en blanco y negro, como una fotografía o una película de entreguerras. Sin ser lo que era, conserva el bullicio y el desorden de sus años de gloria, la era en que los Austin, Morris, Ford y Bentley se atascaban entre tranvías y coches de caballos, y unos gritos ya inaudibles—los del hombre-anuncio, la vendedora de manzanas, el voceador de periódicos, el limpiabotas—resonaban entre la multitud encajonada por las imponentes fábricas de noticias. Fleet fue la gran arteria periodística de Londres hasta principios de los años ochenta. Evelyn Waugh caricaturizó de forma hilarante la llamada «calle de la tinta» o «calle de la vergüenza», según, en su novela *¡Noticia bomba!* (1938). Waugh describe un diario sensacionalista de la época al que denomina *Daily Beast*, la «Bestia Diaria», cuyo propietario, Lord Copper, tiene una idea muy clara sobre la posición editorial en cuestiones diplomáticas: «El *Beast* es partidario de que haya gobiernos fuertes y muy enemistados entre sí en todas partes—dijo—. Autosuficiencia en nuestro país, agresividad en el extranjero». La sede del *Beast*, en Copper House, ocupaba «desde el número 700 al 853» de Fleet Street, y un «vestíbulo bizantino» y un «salón sasánida» recibían al visitante.

Ese boato de la industria periodística ha desaparecido de Fleet Street, donde sólo Reuters y alguna otra agencia mantienen una presencia testimonial. Sin embargo, para hacerse una idea de lo que fue aquella era, aún puede detenerse uno ante el número 135. Ahora hay un banco, pero veinte años atrás, en ese extravagante edificio *art decó* de inspiración egipcia y griega, se alojaba *The Daily Telegraph*, también conocido como *Torygraph* por sus irreductibles posiciones conservadoras. El *Torygraph* es aún el más leído entre los *broadsheets* (los diarios de grandes páginas), también llamados *quality papers* (periódicos de calidad), pero desde que fue adquirido por el magnate canadiense Conrad Black se acabaron la pompa interna y, como en los demás periódicos, la rigidez sindical. Simon Glover, uno de los fundadores de *The Independent* y hoy columnista en el *Evening Standard*, antiguo redactor de aquel *Torygraph*, recuerda con asombro los trámites que hacían falta para cambiar una bombilla fundida. Había que rellenar un impreso con copia y entregarlo en una ventanilla. Luego, tras una cierta espera, comparecían ante la avería en cuestión dos técnicos uniformados, el jefe y el ayudante; mientras el jefe supervisaba la operación, el ayudante procedía a sustituir la bombilla. En una ocasión a Glover se le ocurrió que él mismo podía efectuar la tarea, y lo hizo: al cabo de un tiempo, recibió la visita de otra pareja uniformada que levantó acta, con copia, de la infracción al reglamento cometida por el periodista.

El lanzamiento en 1985 del *Today*, un diario tabloide—el formato sensacionalista—que resultó efímero pero que utilizó por primera vez la informática y la impresión en color, marcó el final de Fleet Street. El magnate australiano Rupert Murdoch, que se había hecho con el control del augusto *The Times* y del abracadabrante tabloide *The Sun*, declaró la guerra a los sindicatos, cerró las imprentas de Fleet y se trasladó con armas y bagajes, pero con esquiroles en lugar de empleados, a una auténtica fortaleza en Wapping, al este de la ciudad. *The Times* tuvo que cerrar durante un tiempo y se libraron auténticas batallas campales junto a los muros de Wapping, pero Murdoch, que contó con el respaldo policial y financiero de Margaret Thatcher, acabó venciendo.

Lejos de Fleet, la prensa británica sigue siendo la mejor del mundo. El *Torygraph*, con todo su conservadurismo, todo su nacionalismo y toda su devoción por una sociedad de caballeros rurales—los *country squire*—tan pasada como la hidalguía española, es quizá el caso más logrado de diario riguroso con atractivo popular. *The Guardian,* el único gran diario que no es originario de Londres, sino de Manchester, sigue formando parte de la dieta intelectual de la izquierda y mantiene un atractivo irresistible para el profesorado inglés; su edición dominical, el ancianísimo *The Observer* integrado ahora en el grupo editorial de Manchester, es espléndida. El políticamente ambiguo *The Independent* no es lo que fue en los años ochenta, pero mantiene un alto nivel. *The Times,* conservador, tampoco es lo que fue en sus mejores tiempos, cuando predicaba la guerra contra Napoleón, aunque el carisma institucional de su cabecera parece inextinguible. En cuanto al *Financial Times,* el más cercano a Fleet—se instaló al otro lado del río—es la Biblia indiscutible de la actualidad económica y alardea de independencia: en las dos últimas elecciones británicas recomendó votar a los laboristas, lo cual sus lectores pudieron considerar razonable en las de 1997, con un candidato tan *aceptable* como Tony Blair, pero francamente atrevido en 1992, cuando el candidato era Neil Kinnock.

Incluso los tabloides son, en su estilo, imbatibles. El *Daily Mail,* el favorito del público femenino; el vespertino *Evening Standard,* el único diario estrictamente londinense, imprescindible en el metro para evitar cualquier riesgo de conversación con desconocidos; y el *Daily Express,* que ha vivido épocas mejores, muestran la cara más digna del pequeño formato. El *Daily Mirror,* teóricamente de izquierdas, y *The Sun,* el de mayor venta, capaz de desbordar a Margaret Thatcher por la derecha, son intrínsecamente execrables. Pero, desde un punto de vista técnico, resultan auténticas maravillas. Sus periodistas son muy buenos—se les nota cuando escriben en otra parte— y están muy bien pagados. Los titulares, los textos breves y concisos (calculados al milímetro para que pueda comprenderlos un público casi iletrado que, sin embargo, lee periódicos), la demagogia feroz, la xenofobia, la pasión por lo militar, por los crímenes más horrendos y por la pena de muerte, la chica semidesnuda de la tercera página, el acoso constante a la familia real, la inmejorable información sobre las carreras de caballos... Todo encaja a la perfección. La lectura de *The Sun* es a la vez embrutecedora y adictiva: bastan unas cuantas sesiones para que el ciudadano más civil sienta un ansia casi irreprimible de ir al estadio a romperse la cara o de declarar la guerra a los *bloody burocrats* de la Unión Europea. Sin el tabloide de Murdoch, el sistema de clases no sería lo mismo.

De todas formas, hay algo aún más duro. Si uno quiere asomarse realmente al abismo, debe esperar al domingo y comprar el *News of the World* o el *Sunday Sports.*

Caso aparte, muy aparte, es *The Economist.* La revista más ligada espiritualmente a la City siempre ha preferido permanecer alejada de Fleet Street y de su ruido mundanal. *The Economist* se aloja en un delicado minirrascacielos semioculto en Saint James Street, epicentro de los clubes privados y las tiendas de caviar al por mayor. Parece imposible que un edificio elevado en una zona como esa pase casi desapercibido, pero esa es la marca de la casa: mantener la discreción pese a ser lectura obligada para quienes rigen los destinos del planeta, y conseguir que periodistas que moldean semanalmente las opiniones de jefes de gobierno y presidentes de multinacionales permanezcan en el más completo anonimato. Desde 1843, los redactores y técnicos de *The Economist*—actualmente casi 800—son auténticos apóstoles dedicados a predicar los mandamientos básicos del capitalismo: respetarás el Liberalismo sobre todas las cosas, y el libre comercio y las monedas sólidas mucho más que a ti mismo.

La redacción es muy joven, divertida, poco jerarquizada y abundante en mujeres—por una razón bastante mezquina: un director de la revista descubrió hace tiempo que «por el precio de un hombre de segunda categoría se puede contratar a una mujer de primera»—; el ambiente tiene poco que ver con el tono sesudo y la arrogancia de *The Economist*, una casa donde a los novatos que aún no han captado el estilo se les da el siguiente consejo: «Entra en esa habitación, siéntate delante del ordenador e imagina que eres Dios». La revista es propiedad del *Financial Times*—es decir, del grupo Pearson—y de las grandes dinastías de la City—los Rothschild, Cadburys, etcétera—, pero la estructura empresarial está organizada de tal modo que nadie puede poseer la mayoría de las acciones; los dueños, además, tienen prohibida la injerencia en los contenidos.

Una anécdota refleja a la perfección el espíritu de *The Economist*, monacal por fuera, irreverente por dentro. El empresario Sir John Harvey Jones, ex presidente de Imperial Chemical y gran enemigo de la rancia aristocracia financiera británica—estuvo encantado, sin embargo, de que la reina le elevara al rango de *sir*—, acababa de ser nombrado presidente del consejo de administración de la revista y asistía por primera vez a uno de los «retiros espirituales» en la campiña inglesa, que se celebran periódicamente para reforzar el sentimiento colectivo. Al acabar la cena, preguntó al director si debía pronunciar unas palabras. «Hágalo si lo desea», le respondieron, «la costumbre es que aquí cada uno hace lo que quiere». Sir John se subió a la mesa y se puso a bailar claqué, ante la aprobación general.

Entre los semanarios, *The Spectator* refuta en cada edición aquello de que «no hay estética sin ética». *The Spectator*, editorialmente muy conservador, combina la literatura más excelsa con el racismo más insentato, o un simpático golferío con una devoción por la realeza y la aristocracia que resultaría excesiva incluso en el papel couché de *Hello*, la edición inglesa de *Hola*. El veterano *The Statesman*, de aspecto muy similar al del *Spectator* pero de contenido radicalmente distinto, es un boletín de la izquierda intelectual que malvive, desaparece y reaparece, siempre enfermo pero aún no muerto. La sátira, otrora patrimonio del extinto *Punch*, resiste atrincherada en el *Private Eye*, equivalente londinense del *Canard Enchaîné* parisino. Nadie está bien informado de los tejemanejes políticos y económicos si le falta la dosis semanal de mala uva del pequeño, feo e imprescindible *Private Eye*.

Por encima de todos estos diarios y semanarios, por encima de las numerosísimas revistas dedicadas a la casa, el jardín, los animales, los deportes, los automóviles, las armas, la numismática o los juguetes, por encima de todo, en el estante más alto del *newsagent*, está la prensa erótica. Es la única de Europa occidental que sigue ocultando según qué cosas, pero compensa esos límites con un estricto mal gusto y un criterio lamentable para la elección de modelos. Esa prensa, abundante en cabeceras y lectores, bastaría por sí sola para explicar el mito de la peculiaridad sexual de los ingleses.

Jueces y fraudes

Donde terminan Fleet Street y la City y comienzan el Strand y Westminster, en la frontera marcada por el dragón alado, se alzan las Royal Courts of Justice. La High Court, como se la llama habitualmente, juzga los grandes casos civiles. Allí van a parar, por tanto, los grandes fraudes de la City cuando la pantomima de los supuestos «mecanismos de autorregulación interna» no basta para dar un elegante carpetazo al asunto. La entrada es libre, y merece la pena: por contemplar la inmensa nave central del edificio, por echar un vistazo al museo de togas y pelucas y, sobre todo, por asistir a una de las vistas.

El caso Maxwell se arrastró durante años por las salas de la High Court. Robert Maxwell, el despótico propietario del *Daily Mirror*, había fallecido en 1991 de forma misteriosa al caer de su yate, el Lady Guislaine, en aguas de las islas Canarias, y con su muerte se descubrió un gran pastel. Maxwell había cometido todo tipo de trapacerías y abusos a lo largo de su vida, pero pocos podían sospechar que hubiera metido la manaza en la caja de pensiones de sus empleados.

Hacia el final de su vida, Robert Maxwell, que en realidad no se llamaba así, se hundía rápidamente en la paranoia. Sólo se refería a sí mismo en tercera persona: «Tiene prisa», le decía, por ejemplo, a su chófer, para que pisara a fondo el acelerador del Rolls-Royce. Había instalado en su cuartel general de Holborn una habitación secreta desde la que grababa las conversaciones de sus empleados, incluidos sus propios hijos. Las secretarias con las que de vez en cuando se acostaba debían ponerse un camisón rosa y zapatos rojos y tratarle de *sir* en todo momento. Era un monstruo que no respetaba a nadie y que sobrevivía a todo: a un cáncer de pulmón en 1955, a una deuda de 200.000 millones de pesetas, a múltiples denuncias periodísticas y querellas judiciales, a un escándalo financiero que en 1971 le hizo perder su escaño laborista en la Cámara de los Comunes... Pesaba

140 kilos y podía trasegar 10 litros de champán diarios, había espiado para Israel y probablemente para la República Democrática Alemana, y había sido un muy condecorado—el propio mariscal Montgomery prendió en su pecho la Medalla al Valor—capitán en el ejército británico. Tres veces capitán, porque utilizó sucesivamente los nombres de Leslie Jones, Leslie du Maurier y finalmente Robert Maxwell. Hablaba, además del inglés aprendido en el ejército, el húngaro, el alemán, el checo, el rumano, el hebreo y su lengua materna, el yidish. Aquel tipo capaz de todas las maldades y todas las proezas era, sin embargo, prácticamente ágrafo. Apenas era capaz de firmar. Había nacido en Slatinske Doly, un villorrio fronterizo de los Cárpatos, en una familia abrumadoramente pobre. Cuando fue inscrito en el registro, tras los nombres Abraham y Lajbi el funcionario escribió Hoch (Alto): era el apodo de su padre, un tipo tan desposeído que no tenía siquiera apellido.

Pese a lo odioso del personaje, me fascinaba la energía interna que le había permitido vivir una vida tan asombrosa y desmesurada.

El caso es que, pese a un montón de sospechas y un puñado de pruebas sólidas y pese a que el tipo era detestado por lo más influyente del *establishment* inglés, los jueces nunca fueron capaces de frenar la carrera de Maxwell-Hoch. Lo cual dice bastante sobre la capacidad de los magistrados de la High Court para enfrentarse al gran delito financiero, aunque su capacidad para dirimir conflictos comerciales sea reconocida en todo el mundo.

Asistí a algunas de las sesiones del caso Maxwell, en el proceso contra dos de sus hijos, y a unas cuantas del caso Guinness, un asunto de detalles extremadamente complejos pero de fondo aparentemente claro: los ejecutivos de la compañía—una gran *holding*, al margen de fabricar la célebre *stout* irlandesa—utilizaban información privilegiada, oculta a otros inversores, para realizar operaciones bursátiles. En ambos casos, era casi enternecedor ver a aquellos pobres carcamales, cuyos conocimientos financieros permanecían anclados en el patrón oro, rascándose atónitos la peluca ante las explicaciones de abogados y técnicos que iban inventando términos especializados conforme hablaban. El tribunal nunca sacó nada en claro. La City venció, como siempre.

Para ver de cerca a los auténticos plutócratas de la City, hay que alejarse unos pasos de ella e ir a comer—no a cenar: a esa hora ya sólo quedan turistas adinerados—a Simpson's. La decoración del restaurante, de formas macizas, pobremente iluminadas, y los destellos de las cubiertas de los platos bastan para evocar las viejas fortunas británicas. Chaqueta y corbata obligatorias, grandes asados, caza mayor, camareros almidonados, caudalosas corrientes de ácido úrico y, en alguna mesa, la bebida de los caballeros que siguen evitando el *claret* (el vino de Burdeos) para acompañar las colaciones: whisky con agua, mitad y mitad. Personalmente, opto por un local semisubterráneo casi contiguo a Simpson's, decorado por un esquizofrénico o un estadounidense—acaso ambas cosas—y con un público perfectamente vulgar. Se llama Smollensky's y sirve las mejores hamburguesas a este lado del Atlántico.

El crimen y las bellas artes

El detective más brillante y el asesino más atroz de todos los tiempos coincidieron en Londres en 1888. El detective se llamaba Sherlock Holmes y de él lo sabemos casi todo: era un personaje de ficción. Al asesino se le llama Jack the Ripper, Jack el Destripador, aunque ese apodo fue quizá ideado por un periodista, y de él sabemos que existió y poco más. El detective y el asesino parecen fundirse en una misma irrealidad en la niebla de las noches victorianas.

El doctor Arthur Conan Doyle, creador del infalible detective Holmes, era un aficionado al crimen. Por decirlo de otra forma, era un *armchair detective*, un detective de salón. Nació en Edimburgo en 1859 y en 1874 visitó por primera vez a sus tíos londinenses, los Doyle de Finborough Road. De esa estancia en Londres, con apenas 15 años, guardó un recuerdo imborrable de la Cámara de los Horrores de Madame Tussaud, en la que se exhibían, además de figuras de cera, objetos como una hoja de la guillotina de la Revolución Francesa o el cuchillo con el que James Greenacre descuartizó el cuerpo de Hannah Brown en la Nochebuena de 1836. El museo de Madame Tussaud estaba ubicado entonces en Baker Street, y esa fue la calle que Conan Doyle eligió doce años después para situar el domicilio de su *consultant detective*, el hombre que resolvía los casos en los que Scotland Yard había encallado. En la hoja de papel donde el médico-escritor-criminólogo bosquejó la idea y los personajes para *Un estudio en escarlata*, misterio inaugural de la serie, el detective se llamaba Sherinford Holmes y compartía habitaciones con el doctor Ormond Sacker, pero la dirección era ya el 221 B de Baker Street.

Conan Doyle sentía una pasión morbosa por el crimen. Ese es un *hobby* muy inglés: no hay librería que no disponga de un estante dedicado al True Crime, el género dedicado a bucear en lo más escabroso de la actualidad criminal. Un servidor de ustedes se envició profundamente, por supuesto, con ese subgénero literario, que tiene en Thomas de Quincey y en su inmortal colección de ensayos *Del asesinato como una de las bellas artes* (1827 y 1829, con un *post scriptum* de 1854) su más brillante antecedente y su más sólida excusa estética. El mismísimo De Quincey se vio obligado a disfrazar, con su talento para el humor, la finalidad última de la obra. Algunos de los pasajes de su incursión en el True Crime son muy celebrados:

> Si uno empieza por permitirse un asesinato pronto no le da importancia a robar, del robo pasa a la bebida y a la inobservancia del día del Señor, y se acaba por faltar a la buena educación y por dejar las cosas para el día siguiente. Una vez que empieza uno a deslizarse cuesta abajo ya no sabe dónde podrá detenerse. La ruina de muchos comenzó con un pequeño asesinato al que no dieron importancia en su momento.

El texto, que arranca con una comicidad hilarante, se adentra poco a poco en la teorización estética del crimen («la finalidad última del asesinato considerado como una de las bellas artes es precisamente la misma que Aristóteles asigna a la tragedia, o sea, purificar el corazón mediante la compasión y el terror») y llega al fin allí donde De Quincey quiere llegar: la descripción brutal, gozosa y descarada, sin el menor atisbo de ironía, de los crímenes de Williams y los hermanos M'Kean, muy célebres en Inglaterra en la segunda década del XIX.

Dejémonos pues de rodeos y vayamos al grano: Londres es la capital mundial del crimen «como una de las bellas artes», tanto en su versión más timorata y victoriana, la que enfoca el asunto desde el punto de vista de la ley, el orden y la detección del culpable (el propio Arthur Conan Doyle, Agatha Christie, etcétera), como en la versión más *gore* y sangrienta. En esta segunda categoría, ningún autor es capaz de rivalizar con la realidad. Apelo a la introducción a *Del asesinato como una de las bellas artes*, escrita por el traductor de la obra al español, Luis Loayza, para reflejar el punto de vista de De Quincey y suscribirlo sin reservas:

> El lector puede creer que en *Del asesinato*... encontrará esos pulcros crímenes de las viejas novelas policíacas en que se escamotea el dolor y la angustia de la muerte para convertirla en cifra de un tranquilo problema intelectual. Nada de eso. A De Quincey no le interesa el asesinato por su abstracción sino por su tremenda materialidad; censura expresamente el envenenamiento—novedad lamentable traída sin duda de Italia—y elige como modelo del género las violencias de Williams, que fulminaba a sus víctimas de un mazazo antes de degollarlas.

Como prueba del vigor criminal de Londres aporto un dato: ninguna otra ciudad del mundo, hasta donde yo sé, ha tenido en este siglo que demoler dos casas para evitar que se convirtieran en lugares de peregrinaje de los amantes del género.

La primera de las *casas malditas* era el número 10 de Rillington Place, un modesto bloque de apartamentos en cuya planta baja vivió John Reginald Christie, un psicópata sexual que estranguló al menos a seis mujeres y a una niña. Lo macabro del caso—un inocente fue ahorcado previamente por uno de los crímenes de Christie, que guardaba los cadáveres en armarios y bajo las tablas del suelo—hizo célebres tanto al asesino como al inmueble. Cuando Christie fue ejecutado, en 1953, Rillington Place empezó a sufrir diarias aglomeraciones de curiosos, y las autoridades locales, a petición de los vecinos, ordenaron la demolición del número 10.

La segunda casa era el 195 de Melrose Avenue. Allí había residido Dennis Nilsen, un antiguo cocinero militar, funcionario de historial intachable, afiliado al Partido Laborista y de gran actividad sindical, con numerosos antecedentes familiares de locura y obsesionado con la muerte, al que un fracaso amoroso—su compañero de piso y amante le dejó en 1975—sumió en una pavorosa soledad y en un delirio psicótico. Nilsen se acostumbró a trabar conocimiento con jóvenes vagabundos, invitarlos a su casa y estrangularlos. El horror del caso radica en que Nilsen les mataba *para que no se fueran.* Aunque siempre acababa descuartizando los cadáveres y enterrándolos bajo la cocina o en el patio (ninguna relación, ay, es eterna), los guardaba completos durante mucho tiempo, sentados frente al televisor o tumbados en la cama, charlaba con ellos, los dibujaba y les escribía pequeños poemas: «Tranquila, pálida carne en una cama, real y hermosa, y muerta». Eran su única compañía. Dennis Nilsen asesinó a unos 15 jóvenes, 12 de los cuales en Melrose Avenue. Cuando la policía concluyó la tarea de recuperar los restos, el edificio estaba tan agujereado y había adquirido una fama tan lúgubre que se optó por la demolición. Por el contrario, el último domicilio de Nilsen, en el 23 de Cranley Gardens, donde ocurrieron al menos tres de los crímenes, sobrevive en el olvido: concitó una gran curiosidad durante unos meses, pero en 1984 se puso en venta y fue adjudicado por muy poco dinero.

Dennis Nilsen permanece en prisión, condenado de por vida con la tradicional fórmula inglesa: *At her Majesty's pleasure.* En el caso de Nilsen, a Su Majestad le placerá, según consta en la sentencia, que el recluso siga encerrado hasta el fin de sus días. El libro *Killing for company,* del criminólogo Brian Masters, ofrece una desasosegante visión de la mente dislocada de Nilsen y resulta muy recomendable para los interesados en asomarse a los límites del ser humano.

Más recientemente, y fuera de Londres, en el 25 de

Cromwell Street, Gloucester, también ha sido demolida la *casa de los horrores* de Fred y Rose West. Una de las víctimas de la pareja se llamaba Lucy Partington. Era prima hermana del escritor Martin Amis, dos años menor que él, y de niños jugaban juntos. Desapareció sin dejar rastro el 27 de diciembre de 1973. Veintiún años después, en 1994, se supo que mientras esperaba un autobús había sido raptada por Fred y Rose y trasladada a la casa de Gloucester. Fue violada y torturada durante más de una semana y murió en pleno suplicio. Sus restos descuartizados permanecieron más de veinte años ocultos en el sótano de los West.

En 1996 hablé con Amis sobre lo sucedido con su prima. Amis había jugado literariamente con la muerte en su novela *Campos de Londres*—una de sus protagonistas, Nicola Six, protagonizaba un largo, cruel y alambicado suicidio—e incluso había tratado de enfrentarse al horror de los campos de exterminio del nazismo en *La flecha del tiempo.* Pero averiguar lo que había sucedido con Lucy, tras 20 años de incertidumbre, coincidiendo con la muerte de su padre, Kingsley Amis, y con su propio acceso a la cuarentena, abrió ante sí una nueva perspectiva de la muerte y el asesinato. El primer resultado fue *La información,* una novela dedicada a la memoria de Lucy que arranca así: «Siento que de noche las ciudades contienen hombres que lloran en sueños y dicen Nada. No es nada. Sólo sueños tristes». Son hombres que reciben *la información*: la consciencia adulta de que morirán. Cuando hablamos, Amis trabajaba en el argumento de una novela policíaca en la que deseaba volcar sus sentimientos sobre la tortura y asesinato de su prima. Quería evitar a cualquier precio, me dijo, el embellecimiento del crimen. Quería mostrar la muerte como lo que es: una porquería.

El resultado fue, sin embargo, *Tren nocturno*. La narración de un suicidio artístico que lanzaba, en cierto modo, un escupitajo sobre la vida. Le salieron 174 páginas de entre cuya sordidez emergía una muerte violenta aparentemente espontánea pero en realidad muy trabajada, muy estudiada, llena de significado. Como cualquiera de las bellas artes.

Un paseo por los tiempos de Jack

Ningún criminal ha alcanzado jamás la notoriedad de Jack the Ripper. Su impacto en el Londres victoriano fue tan brutal, y su anónima sombra ha proyectado un mito tan perdurable y a la vez tan borroso, que puede parecer un personaje de ficción. Frente al perfil bien definido y familiar de Sherlock Holmes, las sustancias del detective y del criminal parecen intercambiarse: el detective asume la carnalidad humana y el criminal se transforma en una sombra fugaz encerrada en un viejo relato de horror.

Hay que situarse mentalmente en el Londres de la época para comprender la realidad del Destripador y su condición de fenómeno de la cultura popular. Hay que adentrarse por las callejas de Whitechapel, una de las parroquias más sórdidas del estremecedor East End de finales del siglo XIX; hay que trasladarse al cuchitril del Soho donde Karl Marx escribía en ese mismo momento el *Manifiesto comunista*; hay que comprender el miedo cerval del Londres acomodado a las masas miserables, explotadas o simplemente olvidadas, que soñaban con una revolución.

El East End repelía y fascinaba a los victorianos. En

las lindes mismas de la City la ciudad se hundía en un infierno de pobreza, de contaminación, de promiscuidad, de alcohol y de sexo barato; todos los fantasmas del Londres puritano e hipócrita de Victoria se comprimían en el extremo oriental de la urbe, alrededor del puerto, los mataderos y las factorías de los curtidores. Según un estudio realizado en 1883 por el London School Board entre 1.129 niños del East End, 871 de ellos vivían en una sola habitación con toda su familia, y el grupo familiar medio era de siete personas. Había, en el mejor de los casos, un grifo de agua corriente y un retrete por cada inmueble. Casi un millón de personas se hacinaba en el barrio, de las que unas cien mil vivían más allá del umbral de la miseria y luchaban cotidianamente por conseguir algo de comida, según los cálculos del naviero y sociólogo Charles Booth, autor de la ingente obra en 17 volúmenes titulada *Vida y trabajo de las gentes de Londres* (1889-1902). Esas cien mil personas en la miseria, muchas de ellas mujeres y niños, que dormían en los portales, bajo las escaleras o en el calor fétido de los albañales, vivían «la vida de salvajes, con vicisitudes de extrema dureza» y «su único lujo era la bebida», según el mismo Booth.

El desempleo era endémico en el East End. La incesante llegada de inmigrantes judíos que huían de los pogromos europeos, de rusos que escapaban de la represión zarista y, en general, de legiones famélicas de cualquier procedencia en busca de unas migas de la riqueza imperial, reducía regularmente el empleo disponible, los salarios y las condiciones de vida.

El policía y escritor Donald Rumbelow subraya en su *The Complete Jack the Ripper*, uno de los trabajos más solventes acerca de los crímenes de Whitechapel pese a su relativa antigüedad (1975), la alienación del East End:

Es un lugar tan desconocido ahora para nosotros como lo era para el victoriano medio. [...] El East End era un Londres proscrito. Existía el sentimiento de que estaba topográficamente separado del resto de la metrópoli tanto en lo espiritual como en lo económico. Su gente resultaba tan extraña como los pigmeos africanos y los indígenas de Polinesia, con quienes eran frecuentemente comparados por periodistas y sociólogos que trataban de atraer la atención sobre sus problemas.

El invierno de 1885-86 fue gélido, y el frío rompió los diques imaginarios entre Londres y el East End. Una gran masa de estibadores en paro se concentró ese invierno en Trafalgar Square y hubo graves disturbios y saqueos en Pall Mall, Mayfair, Piccadilly y Oxford Street, a los que la policía respondió con una violencia que el propio ministro del Interior consideró excesiva. El comisionado de la Policía Metropolitana fue obligado a dimitir. Al año siguiente, otra manifestación en Trafalgar Square fue disuelta por una fuerza compuesta por 4.000 agentes de policía, 300 policías a caballo, 300 granaderos y 300 *life guards*: fue el Bloody Sunday del 13 de noviembre de 1887, de resultas del cual más de 150 manifestantes resultaron heridos y más de 300 fueron arrestados y condenados a penas de entre uno y seis meses de trabajos forzados.

Y en verano de 1888 llegaron los crímenes. Así fueron saludados por el dramaturgo George Bernard Shaw, militante de la izquierda más radical de la época, la socialdemocracia fabiana:

Menos de un año atrás, la prensa del West End clamaba literalmente por la sangre del pueblo, acosando a Sir Charles Warren [el comisionado de la policía metropolitana] para que arrasara a la chusma que osaba quejarse de hambre... comportándose, en breve, como siempre se comporta la aterrorizada clase propietaria cuando los trabajadores se aventuran a mostrar los dientes. Mientras nosotros, los socialdemócratas convencionales, perdíamos el tiempo en educación, agitación y organización, un genio independiente decidió hacerse cargo personalmente del asunto.

El *genio independiente* sería conocido, muy poco tiempo después, por el apodo de Jack the Ripper.

Soy aficionado a las aventuras de Sherlock Holmes y creo que, junto a los relatos de Jack London y los álbumes de Tintín, constituyen la mejor lectura para los estados gripales y en general para cualquier convalecencia prolongada y espesa. Los rasgos de inteligencia, frustración, misoginia y adicción a las drogas combinados en Holmes demuestran que su creador, Arthur Conan Doyle, sabía algo de la condición humana. Lamento añadir que Conan Doyle poseía, pese a su profesión de médico y su afición por el crimen, una vasta ignorancia en lo tocante a la psicología del asesino moderno, el lobo urbano que mata para satisfacer una pulsión. Para él, igual que para el resto de sus conciudadanos, el crimen debía tener sentido, explicación, lógica; es más, incluso la actividad magmática de los *bajos fondos*—el East End—debía estar encuadrada dentro de una organización dirigida por un cerebro supremo, un genio del mal como el profesor Moriarty. En un principio, pensó como otros londinenses—véase el sarcástico texto de George Bernard Shaw citado más arriba—que los crímenes de Whitechapel tenían una intención, o al menos una repercusión, de tipo revolucionario.

Como autor novel de cierto éxito y como *padre* de un detective de sagacidad suprema, el doctor escocés opinó muchas veces sobre los asesinatos de Whitechapel. En 1902, en su calidad de vicepresidente del Crime Club, participó en una visita guiada por la policía a los escenarios de cada muerte y tuvo acceso a la documentación de Scotland Yard. Lo mejor que se le ocurrió acerca del caso fue la hipótesis de que el culpable vestía ropas de mujer para acercarse a las víctimas sin despertar sus sospechas. En 1888, en pleno *otoño del terror*, había opinado que el asesino tenía amplios conocimientos de anatomía—otra creencia muy extendida en la época y respaldada por algunos forenses, aunque rechazada de plano por otros. Luego sugirió a la policía que sus agentes se disfrazaran de prostitutas y actuaran como cebos para atraer al Destripador y detenerle. Agentes con falda y peluca en busca de un malvado travestido: Conan Doyle, al parecer, imaginaba la persecución como un gran baile de *drag queens*.

En 1894, Conan Doyle puso por escrito lo que habría hecho Sherlock Holmes para resolver el caso. Consideró que al menos una de las cartas presuntamente remitidas por el asesino, la primera firmada Jack the Ripper, era auténtica, y dedujo que su autor era americano (porque utilizaba el americanismo *boss*) y que su caligrafía era la de alguien habituado a la pluma.

> El plan de Holmes habría consistido en reproducir la carta en facsímil y añadir a la plancha una breve indicación sobre las peculiaridades de la caligrafía. Los facsímiles deberían haber sido publicados en los principales periódicos de Gran Bretaña y América, con la oferta de una recompensa a cualquiera que pudiera presentar una carta u otra muestra con la misma letra. Esa iniciativa habría alistado a millones de personas como detectives en el caso.

(En realidad, Scotland Yard había utilizado ya la idea del facsímil y había empapelado con ellos las paredes de medio Londres.) Más tarde, cuando su hijo murió y se aficionó al espiritismo, el creador de Sherlock Holmes se declaró convencido de que un médium podía identificar al asesino. Todos sus talentos para la detección quedaron en eso.

¿Qué se sabe de Jack? Nada. Sólo es posible la especulación. Ni siquiera se conoce el número exacto de crímenes, que pudieron ser cuatro, cinco o seis.

Las víctimas llamadas *escolásticas*—así es como se las califica en el argot de la *ripperología,* por ser las mayoritariamente aceptadas—suman cinco: Mary Ann Nichols, Annie Chapman, Elizabeth Stride, Catharine Eddowes y Mary Jane Kelly. Otra anterior, Martha Tabram, no es descartable. Y Elizabeth Stride no es del todo segura: su muerte pudo ser consecuencia de una riña conyugal.

Ellas, muertas por azar, desafortunadas que toparon con el peor tipo en el peor momento y en el peor lugar, constituyen lo único seguro, lo único estudiable. Quien siga *Ripperologist* y *Ripperana,* las dos revistas londinenses dedicadas casi exclusivamente a la publicación de investigaciones y nuevas teorías sobre los crímenes de Whitechapel, comprobará hasta qué punto la vida de las víctimas ha sido rastreada hasta el último detalle. Quisiera subrayar algo: quizá porque son lo único humano en una cadena de crímenes cuyo autor permanece oculto, los *ripperólogos* suelen desarrollar un indisimulado afecto por esas mujeres. Yo he asistido, en una conferencia sobre el asunto, a la expulsión del conferenciante—no de un miembro del público, ojo, sino del invitado a la tribuna de oradores—por haberse permitido llamar *bitch*—literalmente *perra,* en sentido figurado *puta*—a una de ellas. Todas ellas habían recurrido en algún momento a la prostitución, todas—salvo Kelly—carecían de domicilio y llevaban puesta toda la ropa que poseían, todas formaban parte del microcosmos desgraciado y hermético del East End.

La prensa y el público enloquecieron con el caso. Se

publicaba de todo, desde lo morboso a lo sensacionalista y lo puramente insensato, pero empezaron a aparecer también reportajes sobre la insostenible realidad social del East End. A partir de entonces, Londres no pudo seguir ignorando la miseria de su flanco oriental.

Nunca nadie fue formalmente acusado de los asesinatos. La policía y la sociedad victoriana, Conan Doyle incluido, eran incapaces de comprender la naturaleza sexual y profundamente *moderna* de aquellos hechos. Londres estaba habituado a los crímenes domésticos, pasionales o con fines puramente económicos, pero no a la alienación, la frustración sexual y la rabia de un asesino en serie. En 1959 fue descubierto un texto de Sir Melville MacNaghten, jefe de la policía entre 1889 y 1890, en el que eran nombradas tres personas consideradas sospechosas por Scotland Yard: Montague John Druitt, un joven abogado que se mató arrojándose al Támesis poco después del último crimen; Aaron Kosminski, un judío polaco; y Michael Ostrog, un inmigrante ruso dedicado a la estafa y de carácter muy violento. Los tres son poco verosímiles, igual que otros sospechosos apuntados por gente cercana al caso en sus memorias. El inspector más directamente implicado en la investigación, Frederick Abberline, reconoció que Scotland Yard anduvo siempre a ciegas y que no llegó a tener ninguna pista fiable. Por supuesto, no merecen consideración siquiera las peregrinas teorías que atribuyen la culpabilidad a un miembro de la familia real, a una conspiración de masones, a una operación zarista para desestabilizar el imperio británico, a un médico que descargaba su ira sobre las prostitutas porque su hijo había muerto de sífilis (una teoría muy en boga poco después del *otoño del terror*), a una comadrona enloquecida, a un conocido acuarelista o, la última, a Lewis Carroll, el autor de *Alicia en el País de las Maravillas*.

En los últimos diez años han aparecido más de 50 libros y unos 600 artículos con «nuevos datos» sobre el Destripador, y cada autor ha propuesto su sospechoso. La teoría más elaborada atribuye las muertes a un comerciante de Liverpool, James Maybrick, que habría confesado su culpa en un diario recientemente hallado y publicado. Aunque la aportación es interesante—yo me lo he pasado muy bien con ella—, hay elementos como la falta de páginas en el diario original y la descripción altamente «periodística» de los sucesos que hacen pensar en una falsificación de buena calidad, o acaso en el texto escrito por un hombre, Maybrick, tan interesado en el asunto que quiso erigirse en secreto protagonista. En los papeles personales de Arthur Conan Doyle se cita, curiosamente, la correspondencia que mantuvo con un comerciante de Liverpool que «arde por saber quién es Jack the Ripper».

Los conocimientos actuales del FBI sobre los asesinos en serie fueron utilizados en 1981 por un grupo de especialistas que trazó, como hipótesis, un perfil del Destripador. Ese perfil, cuyos rasgos no deben ser muy distintos a los del auténtico culpable, indican que Jack no fue el monstruo con chistera, capa y maletín de los grabados de la época. Era probablemente un hombre de raza blanca, de entre 28 y 36 años, que vivía o trabajaba en Whitechapel; solitario, tímido, de apariencia inofensiva y cliente de los pubs locales, con un empleo muy modesto u ocasional; seguramente fue interrogado y descartado como sospechoso por no mostrar el aspecto feroz que esperaban los detectives; no se suicidó tras el horror de Miller's Court, como tendía a creer la policía; estaba mentalmente enfermo y convencido de que sus crímenes tenían una plena justificación.

¿Por qué cesaron los crímenes? ¿Murió el asesino?

¿Abandonó Inglaterra? ¿Fue encarcelado por otros delitos? Sólo se puede especular sobre eso. Nadie sabe nada.

Yo, como muchos otros pazguatos, he recorrido varias veces el escenario de los crímenes, aunque las calles y los edificios han cambiado mucho y sólo perduran algunos rincones de la época. Mi oficina estaba en la City, junto al East End, y algunas noches, antes de volver a casa, me daba un paseo por la zona. Algunos tramos, de noche y con cierto esfuerzo de imaginación, pueden resultar evocadores; si no, siempre se encuentran tiendas y lugares curiosos en ese barrio multirracial y desordenado.

Una de las muertes, la de Mary Ann Nichols, ocurrió justo detrás de la actual estación de metro de Whitechapel, en lo que ahora se llama Durward Street. Enfrente de la estación, como un decorado gótico, se alza la mole del London Hospital, donde se guarda el esqueleto de John Merrick, el *hombre elefante.* Se hacen visitas guiadas para turistas por el *circuito* del Destripador, y al menos una vez al año, la noche del 29 de septiembre, aniversario del supuesto doble crimen, se puede contemplar la peregrinación de grupitos de *ripperólogos* por la zona.

El Cloak and Dagger Club, que agrupa a algunos de los más reputados *ripperólogos,* celebra sus reuniones en un pub de Commercial Street, The City Darts, llamado Princess Alice en 1888. El pub más relacionado con el caso es The Ten Bells, algo más arriba, en la misma Commercial Street; según los diarios de la época, Annie Chapman y Mary Jane Kelly bebieron en el Ten Bells la noche de su muerte, y el local ha cambiado muy poco desde entonces; el pub hace un alarde muy poco elegante de su historial y vende *souvenirs.*

Durante unas vacaciones de Navidad acompañé a mis

padres y hermanas por el Ripper Circuit y rematé el paseo en el Ten Bells, donde dos señoritas practicaban un rutinario *striptease* ante cuatro o cinco parroquianos de aspecto desapacible. Prefiero no imaginar qué pensó mi madre de todo aquello. La relación familiar, sin embargo, se ha mantenido en excelentes términos después de aquella expedición.

Otro pub con recuerdos del caso es The White Hart, junto a la estación de East Aldgate. En el sótano tenía una barbería Severin Klosowski, alias George Chapman, uno de los sospechosos investigados por Scotland Yard; aunque se desestimara su implicación en los crímenes de Whitechapel, la policía demostró buen ojo: entre 1895 y 1901 envenenó a tres mujeres y fue ahorcado en 1903. El White Hart es, con barbero malvado o sin él, un pub agradable donde se sirven correctamente—con bomba manual—cervezas de calidad como la Pedigree y la Tetley's. Muy cerca hay restaurantes de comida paquistaní (el Lahore Kebab House) o bangladeshí (el Muhib), bares y una exquisita galería de arte, la Whitechapel, que organiza las mejores exposiciones de escultura contemporánea. Más hacia el interior del East End hay tres museos poco conocidos y muy recomendables: el Museo de la Infancia de Bethnal Green (filial del Victoria & Albert), el Geffrye Museum (dedicado al mueble y alojado en un grupo de talleres antiguos que merecen la visita por sí mismos) y el Ragged School Museum (centrado en la educación victoriana: bello e interesante, un punto deprimente).

No pasarán

El epicentro de la actividad del barrio está unas calles al norte de Aldgate, en Brick Lane, donde se alza la gran mezquita (que antes fue iglesia de hugonotes y sinagoga: todo un símbolo de evolución urbana) y donde se celebra el muy conocido y cada año más extenso mercadillo dominical.

Es una zona de callejones, ángulos, luz oblicua y roña venerable que, aunque llana, siempre imagino empinada. Quizá porque se tensa en una tortuosidad muy agarrada al terreno, como si trepara por una ladera. Tiene algo del barrio chino de San Francisco, del gueto judío de Corfú, de las calles portuarias de Lisboa. Huele a ropa húmeda y a cocina oriental. Enough, mi gata, nació allí.

En Brick Lane es casi imposible no comprar algo, no comer curry—casi todos los restaurantes son expertos en tal especia explosiva—y no ver a un grupo de cretinos del National Front—el partido fascista británico—distribuyendo panfletos racistas y buscando bronca.

Siento una querencia especial por Cable Street. Si alguna vez una batalla callejera fue hermosa, fue la ocurrida en esa calle el 4 de octubre de 1936. El fascismo británico atravesaba sus días de gloria, con un nuevo rey, Eduardo VIII—que había de abdicar semanas después—, que simpatizaba abiertamente con los nazis y con una prensa que, en general, apoyaba la rebelión militar en España. Toda Europa parecía encaminarse al «nuevo orden». Edward Mosley, el líder fascista, creyó llegado el momento de realizar una demostración de fuerza en el *territorio enemigo* del East End y se puso al frente de tres mil de sus *camisas negras* para marchar por el barrio. Casi siete mil policías antidisturbios fueron enviados a la zona para «abrir paso» a la manifestación—las tendencias políticas de los mandos policiales quedaron bastante claras ese día—y cargaron violentamente, montados a caballo y con porras, contra los grupos de izquierda que trataban de cerrar el paso a la gente de Mosley. Cuanto más cargaba la policía, sin embargo, más gente salía de todos los rincones del East End para oponerse a los antidisturbios y a los fascistas. Se estima que entre 60.000 y 100.000 vecinos salieron a la calle ese día, gritando una consigna que habían hecho popular los republicanos españoles: *They shall not pass* (No pasarán). En Cable Street se levantaron barricadas de forma instantánea y la manifestación quedó frenada. Mosley y el jefe de policía tuvieron que ordenar la retirada.

El East End, donde ahora se mezclan inmigrantes pobres y yuppies ricos, siempre ha sido un barrio de izquierdas. Junto a la Whitechapel Art Gallery sobrevive la Freedom Press, una vieja librería libertaria. Y a unos pasos de la estación de metro de Whitechapel, en Fulbourne Street, se celebró en 1907 un mitin con motivo del Quinto Congreso del Partido Socialdemócrata Ruso, con la intervención de los oradores Lenin, Trotski, Stalin, Gorki y Litvinov.

Robert Payne, en su *The life and death of Lenin*, escribe:

A veces se le permitía a Trotski acompañar a Lenin a reuniones socialistas en Londres. Era la época en que el socialismo era reivindicado en Inglaterra con fervor religioso y entusiasmo; las misas dominicales del East End alternaban los sermones sobre la hermandad socialista con los cánticos sacros. Los cánticos revestían ocasionalmente un carácter republicano, y Trotski recordaba haber escuchado cantar: ¡Señor Todopoderoso, que no haya más reyes ni hombres ricos! Lenin estaba intrigado por la propensión inglesa a mezclar los más diversos elementos en su cultura. Al salir de la iglesia, dijo: Hay muchos elementos revolucionarios y socialistas en el proletariado inglés, pero están mezclados con el conservadurismo, la religión y el prejuicio, y por alguna razón los elementos revolucionarios no logran salir a la superficie y crear la unidad.

Hacia el final de su vida, Lenin seguía intrigado por los ingleses, y los desdeñaba: lo que le molestaba especialmente era su falta de unidad socialista. Prefería a los alemanes, que obedecían las reglas y se veían a sí mismos como una masa unificada. En palabras de Trotski, el marxismo británico nunca fue interesante. Carecía de drama, de tensión, de guerras entre personalidades poderosas. Resultaba, de hecho, esencialmente parroquial, y los rusos eran incapaces de pensar en términos parroquiales.

El rito del go-do-yin

Brixton es una ciudad amplia, pero no lo bastante como para contener su desventurada leyenda. La difícil estructura física del barrio—una trama de avenidas y callejones, casitas victorianas y pasajes comerciales cubiertos, bloques de viviendas poco agradables a la vista y edificios públicos absurdamente aparatosos—está recubierta por una carnalidad abundante, trémula, muy sonora. Es alto en decibelios y humanidad, pero menos fiero de lo que suele suponerse.

Los disturbios de 1981 y 1985 causaron sensación en el país. Íñigo, sin embargo, que por entonces acababa de alejarse de las animadas incidencias callejeras donostiarras y bilbaínas y se había instalado en Brixton, los recuerda como «bastante ordenados». Otra sensación local fue el Atlantic, el pub más bravío de su tiempo: el punk Syd Vicious actuó con alguna frecuencia en aquel pub, y nunca logró ser más estridente que su público. En realidad, Brixton no es tan racial como lo pintan—la mayoría de su población es blanca y mesocrática—, aunque sus mercados ofrezcan productos africanos y caribeños inencontrables en otros pagos, pero su ambiente es eléctrico. Su principal arteria, Electric Avenue—se llama así porque fue pionera en la instalación de farolas con bombillas de filamento—, tiene un nombre de lo más apropiado.

Brixton, geográficamente al sur y espiritualmente al este, combina gente de todo pelaje y procedencia. Antes, cuando el circo era un espectáculo de masas, el barrio contaba con una gran colonia de trapecistas y payasos. El padre del ex primer ministro John Major, equilibrista circense y fabricante de enanos de piedra para jardín—increíble pero cierto—, era vecino de Brixton. Su hijo pensaba seguir en el barrio, pero le suspendieron en el examen de capacitación para conductores de autobús—increíble pero cierto—y tuvo que buscarse la vida en la política.

Brixton es joven, mestizo y fértil en alquimias sociológicas y ritos exóticos. Sirva como muestra la accidentada boda de un chico originario de Costa de Marfil y una chica originaria de Benín, a los que llamaremos, por ejemplo, Smith y Dupont.

El primo del novio Smith es pastelero, aunque durante una época trató de labrarse un futuro como vendedor de seguros médicos. No tuvo éxito, a causa de una pequeña confusión verbal. Decía ofrecer una alternativa ventajosa al National Health Service, la Seguridad Social británica. Pero cuando trataba de alertar a los clientes potenciales sobre el problema de las listas de espera en los hospitales públicos, no pronunciaba *waiting list*, sino *waisting list.* Nadie entendió por qué el NHS tenía una «lista de desperdicios» y, en cambio, el seguro médico que vendía el primo Smith carecía de ella. La cosa no funcionó y el primo Smith dejó los seguros y se dedicó al pastel.

El novio ponía la boda y su primo pastelero aportaba la sala de festejos—su propia casa, una pequeña y modestísima vivienda social en Brixton—y la tarta nupcial. Los primos carecían de familia en Londres y, sabedores de que la novia traía desde Francia a su familia numerosa, consideraron necesario evitar un desequilibrio demasiado grave entre los escasos Smith y los presumiblemente abundantes Dupont. La solución fue convocar a un reducido círculo de amigos y conocidos—españoles, italianos, ingleses—para que hicieran bulto en la ceremonia.

El primo pastelero se había ataviado con una hermosa túnica multicolor africana. Pero el batallón de los Dupont, afincados en la ciudad francesa de Reims y, al parecer, algo menos pobres que los Smith, compareció de negro riguroso y de muy mal humor. Más tarde se supo que el novio Smith se había perdido por Brixton y que los Dupont, que no habían puesto jamás los pies en el barrio, habían tenido que guiarle hasta el ayuntamiento para que la boda pudiera celebrarse. El ambiente era espeso y silencioso en casa del primo pastelero cuando hicieron entrada los novios. Él, cariacontecido. Ella, gruesa y ceñuda, con una botella de ginebra bajo un sobaco y una de whisky bajo el otro.

La fiesta no arrancaba. De un lado, los numerosos y prepotentes Dupont de Reims. Del otro, los escasos y acoquinados Smith de Brixton, con sus refuerzos mercenarios. Uno de los hermanos de la novia Dupont decidió romper el hielo con el siguiente discurso, obviamente en francés: «Te has casado con nuestra hermana. Habíamos pensado que se casaría con uno de los nuestros, pero ha querido casarse contigo. Te la entregamos. Os deseamos la felicidad. Pero quiero advertirte que estaremos observándote».

Glups.

El orador del bando de la novia añadió que sería apropiado celebrar otra fiesta en Reims, a la que acudiría «realmente toda la familia Dupont, al completo».

El primo pastelero se sintió obligado a defender el honor del novio e hizo constar que ellos dos tenían también una gran familia, aunque en ese instante se encontraba en Costa de Marfil y excusaba, por tanto, su asistencia.

La fiesta parecía definitivamente congelada bajo el ceño amenazador y los trajes negros de los Dupont. El ominoso «estaremos observándote» sobrevolaba la exigua salita como un murciélago.

Entonces un grito cortó el silencio:

—¡Go-do-yin!

La madre de la novia volvió a gritar:

—¡Go-do-yin!

Sus familiares la secundaron en un rumor coral:

—Go-do-yin, go-do-yin, go-do-yin...

El primo pastelero se acercó a los invitados europeos y les susurró:

—¡Go-do-yin! ¡Debe ser un ritual africano! Ahora conoceréis el África oculta.

Benín, el corazón de África, el misterio, la magia. ¡Go-do-yin! ¿Quizá un rito de reconciliación? ¿Se aparecerían los espíritus de los antepasados?

«¡Go-do-yin!». El coro de los Dupont seguía susurrando las palabras mágicas cuando alguien apagó las luces.

La madre Dupont se situó en el centro de la salita y empuñó una botella.

—¡¡Go-do-yin!!—clamaron los Dupont.

La mujer vació parte de la botella en el suelo, llenó un vaso y lo arrastró por encima del alcohol derramado, lanzando lo que parecían conjuros en un idioma africano mientras creaba dibujos con el líquido.

Luego pasó el vaso a la concurrencia y cada uno bebió un sorbo. El vaso se rellenó y volvió a pasar. Y se rellenó otra vez, y repasó por todos los labios.

—¡Go-do-yin!

Y así prosiguió la ceremonia, sin más fenómenos alucinatorios que los que la intoxicación etílica procurara a cada uno. Básicamente, el objetivo final consistía en pillar una trompa de go-do-yin, o, con otra pronunciación, Gordons Gin.

Todos los ritos humanos, es evidente, tienen un sustrato común.

El primero en caer totalmente embriagado fue el novio Smith. Hubo que llevarle a la cama.

Quizá dolidos por la escasa resistencia del novio, los familiares de la novia recogieron lo que quedaba del pastel y de los canapés, lo metieron en una bolsa y se largaron cargados de provisiones.

Boda concluida.

Un asunto grave

Una tarde, en la barra del Bunch of Grapes, escuché el diálogo que mantenían un hombre indignado y un hombre desolado.

—Tú y yo somos judíos—dijo el hombre indignado.

El hombre desolado asintió levemente, con la mirada clavada en el fondo de la pinta.

—Tú eres judío—insistió el indignado—. Tú eres judío—repitió.

El rostro de la desolación se mantuvo en silencio.

—¿Tú sabes lo que significa ser judío? ¿Tú conoces la historia de los judíos?

El desolado hizo un gesto de impotencia.

El indignado crispó la boca y los puños.

—Tú eres judío. Entonces—casi escupió—¿cómo puedes ser del Arsenal?

El desolado siguió silencioso, masticando su espantosa traición.

El fútbol es un asunto de la máxima gravedad en Londres. Como dijo el clásico, el fútbol no es un asunto de vida o muerte: es algo más serio que todo eso. Hay gran afición por el críquet, y son inenarrables las transmisiones radiofónicas de ese deporte en el que pasan horas sin que ocurra nada, en el que todo se interrumpe a media tarde para que los jugadores tomen el té y en el que los encuentros pueden durar varios días. Admito que, pese a las denodadas explicaciones de Íñigo Gurruchaga y de David Sharrock, nunca pillé el intríngulis del asunto. También hay mucha afición por el rugby. Pero el fútbol es el fútbol. Aunque uno no sienta especial interés por las cuestiones balompédicas, suele acabar sabiendo cuál es su tribu y cuáles son sus colores. O al menos cuáles *no* son sus colores. Y si uno es judío, lo propio es ser blanco como un lirio, ser un *lillywhite,* ser un *spur.* Forzando las cosas, se puede ser un *don,* incluso un *hammer,* pero jamás un *gooner.*

El fútbol londinense tiene dos cunas, la escuela religiosa y el taller, y está ligado al moderno desarrollo de la ciudad. El balón cayó en la ciudad en el último cuarto del siglo XIX, procente del norte industrial, y proporcionó banderas y signos de identidad a los barrios extremos, las zonas de aluvión agregadas a Londres durante el largo reinado victoriano. También forjó enemistades eternas. Como la del Arsenal, los rojos *gooners,* y el Tottenham, los blancos *spurs,* en la populosa ladera que desciende desde Hampstead hacia el Támesis.

Esta temporada (1999-2000), Londres tiene seis clubes en la Premier League inglesa. Y al menos otros tres son grandes instituciones, honrosos pedazos de historia en el mal trago de las divisiones inferiores: el Crystal Palace, el Queens Park Rangers y el Fulham.

Como de costumbre, conviene remontarse a la Exposición Universal de 1851. Los 200 trabajadores que instalaron el palacio acristalado que albergó la exposición permanecían juntos de lunes a sábado, en jornadas de 12 horas, y optaron por prolongar su comunión hasta el domingo para practicar el deporte que muchos de ellos, gente descendida del norte, habían conocido en Manchester, Leeds, Newcastle o Nottingham. En 1854 hubo que desmontar el palacio de su emplazamiento en Kensington y transportarlo hacia Dulwich, al sureste de la ciudad, donde fue instalado de nuevo. (Dulwich es una zona bonita, tranquila y fatalmente aburrida. Margaret Thatcher poseía una mansión en el barrio y a ella se encaminó en otoño de 1990, tras entregar su dimisión a Isabel II. Al cabo de unos meses, desesperada de hastío, regresó al centro de Londres.) En Dulwich, pues, aquellos 200 trabajadores reconstruyeron el edificio y siguieron jugando al fútbol, y en 1861 se constituyeron en club. En 1871, el Crystal Palace fue uno de los quince equipos que participaron en la primera edición de la copa de football association (el *football* a secas es una variante de lo que conocemos como rugby). El Palace no ganó. De hecho, el Palace nunca gana, pero eso tiene poca importancia. El club funcionó de forma intermitente hasta que en 1905 se formó por segunda vez, tan justo de dinero que pidió auxilio al Aston Villa de Birmingham y recibió una caja de camisetas con los colores azul y burdeos del club de las Midlands. Con esos colores se quedó. Conviene saber que el Palace guarda un respeto instintivo ante el Real Madrid. El equipo de Di Stéfano y Gento se avino a jugar en el partido inaugural del estadio del Palace, Selhurst Park, en los años cincuenta, ganó por 3 a 4, y marcó una profunda impresión entre los aficionados locales. La gente del Palace, que gusta de llamarse a sí misma *the eagles* (las águilas), es gente habituada a la derrota y a medrar en las divisiones inferiores. En su larga historia sólo han disfrutado de unos años de gloria, en los ochenta, una década en la que llegaron a clasificarse para jugar una competición europea, la Copa de la UEFA. Pero en el último momento las autoridades del fútbol continental concedieron el perdón al Liverpool, sancionado por la violencia de sus *hooligans* en la espantosa noche de Heysel, y decidieron que el equipo de Anfield Road tomara el puesto que le correspondía al Palace. La gente del palacio de cristal carga con una dura tradición de penas.

Los grandes enemigos de los *eagles* son otra gente modesta, la del Charlton Athletic, cuyo grito de guerra es: «¡En pie si odias al Palace!». Los del Charlton lucen una espada en su escudo rojo y se llaman a sí mismos *valiants* o, más comúnmente, *addicks.* La rivalidad entre *eagles* y *addicks* se enconó cuando el estadio de los segundos, el Valley, fue cerrado por peligro de desplome, en 1985. El Charlton se vio obligado a jugar como realquilado durante siete años en el terreno del Palace. Fue una situación muy incómoda para ambos: tantos años de greña para acabar compartiendo vestuario. Los dos equipos se disputan desde siempre la hegemonía en el sureste. La tradición obrera del auténtico este de Londres, el East End, recae sin embargo en un club que se considera a sí mismo del norte y lleva la palabra *oeste* en su nombre: el West Ham.

El West Ham fue fundado en 1895, como equipo de los astilleros Thames Ironworks y también con los colores del Villa de Birmingham: azul y burdeos. Nació en el corazón del East End, junto al río, pero en 1904 se desplazó unos kilómetros hacia el norte y se instaló en su actual estadio de Upton Park. Los *hammers,* cuyo origen industrial y obrero pervive en su escudo (dos martillos cruzados) y en su fidelísima afición, son gente estable (han tenido sólo ocho entrenadores en más de un siglo) y orgullosa. Su año de gloria fue 1966. La selección inglesa ganó la final de la Copa del Mundo en Wembley gracias a los goles de dos *hammers,* Hurst y Peters, y al talento defensivo de otro *hammer,* el malogrado Bobby Moore. El West Ham suele caer simpático.

Con el Arsenal sucede más bien lo contrario. El Arsenal es el club más potente y glorioso de Londres. Para muchos, es también el más mezquino y el más favorecido por la fortuna.

El Arsenal nació, como el Palace y el West Ham, en unos talleres, los del Woolwich Arsenal, donde se fabricaban piezas de fundición para el ejército. La llegada de dos buenos futbolistas del Nottingham Forest, Beardsley y Bates, a la fábrica del norte de Londres, en 1886, fue el elemento decisivo para que 15 obreros del arsenal crearan un club. Decidieron llamarle Dial Square, pero tras unos cuantos partidos el nombre les pareció poco viril y lo cambiaron por el de Royal Arsenal, una combinación del barrio (Royal Oak) y de la fábrica (Woolwich Arsenal). Las camisetas, como en el caso del Palace, fueron prestadas, en este caso por el Nottingham Forest, y por esa razón el Arsenal adoptó el color rojo. El campo de Highbury fue alquilado y después adquirido a un colegio religioso (que les prohibió por contrato tocar un balón en Viernes Santo o Navidad) y doce años más tarde, en 1925, nivelado ante las protestas de los rivales: el gol sur estaba cinco metros más alto que el gol norte.

Antes que el Arsenal había nacido en el norte de Londres, en 1882, otro club, el llamado Hotspur (espuela caliente), que captó enseguida el interés de la gran comunidad judía de Golders Green. Luego hablaremos más extensamente de los Spurs. La rivalidad entre ambos equipos de la zona norte se convirtió en enemistad eterna en 1919, por una cacicada de los llamados *gunners* o, en castizo, *gooners*, en referencia a las armas que fabricaba el arsenal. La dirección de la Liga inglesa decidió ampliar de 20 a 22 el número de equipos en Primera División, y la solución obvia era que ascendieran los dos mejores clasificados de Segunda, como de costumbre, sin que esa temporada descendiera nadie. Dos clubes de Londres, el Chelsea y el ya llamado Tottenham Hotspurs, eran los últimos de Primera. Ese año, sin embargo, Liverpool y Manchester United habían amañado su partido para perjudicar al Chelsea, por lo que se decidió dejar de lado las clasificaciones. El dueño del Liverpool era a la vez presidente de la Liga y, cosas de la vida, íntimo amigo del entrenador del Arsenal, que había terminado quinto en Segunda División; el hombre del Liverpool amañó una votación entre los representantes de los clubes, tras la que el Arsenal se vio ascendido a Primera y los Spurs descendidos a Segunda. Vergüenza eterna.

Esa trampa fue el punto de partida de unos años prodigiosos para los *gooners*. En 1925 pusieron un anuncio en la prensa para buscar un entrenador y encontraron a un tal Herbert Chapman, que resultó ser el inventor del fútbol moderno. Hasta entonces, delanteros y defensas se amontonaban junto a las porterías, y el centro del campo era un desierto que se cruzaba a pelotazos. Chapman puso números en las camisetas e ideó la defensa en línea, con el resultado de que los delanteros contrarios se quedaron solos junto al portero y los árbitros tuvieron que aprenderse la regla del fuera de juego. Por aquellos días, el tren de vapor que transportaba a Londres a los equipos rivales del Arsenal emitía un pitido especial a su entrada en la estación de Charing Cross, para señalar que, incluso antes de apearse del ferrocarril, estaban ya en *offside*. El prestigio de los *gooners* se vio reforzado por otra victoria en los despachos: la estación de metro contigua a Highbury cambió su nombre de Gillespie Road por el de Arsenal. Una aportación adicional de Chapman, que resultó ser un *dandy*, se produjo en 1933, justo antes de un encuentro con el Liverpool. Ambos equipos vestían de rojo, y Chapman decidió que sus jugadores mantuvieran el rojo de sus camisetas, pero con mangas blancas. «Es más distinguido», opinó.

Pese a sus muchos seguidores, su prestigio y su *distinción*, el Arsenal (su gente le llama The Arsenal, con artículo) se ha caracterizado hasta muy recientemente por jugar el fútbol que se considera típicamente inglés, el patadón adelante, la carrera y la *melée* en el barrizal del área, con el añadido de ser cicatero con los goles. El grito de guerra en Highbury sigue siendo aún hoy *One nil to The Arsenal* (uno a cero para el Arsenal), al margen de lamentables frases racistas y antisemitas. Personalmente, no sufro cuando el Arsenal pierde.

Volvamos a los Spurs, los enemigos de los *gooners*. Nacieron en 1882 como Hotspur FC, como resultado de la fusión entre un club de críquet local y el equipo de fútbol de la escuela del barrio, cuyos alumnos eran mayoritariamente judíos. El color original era el azul marino, pero en 1899 se optó por la camiseta blanca, que dio origen al apodo de *lillywhites*, lirios blancos. Antes, en 1884, ya se había cambiado el nombre por el de Tottenham Hotspurs. Y se había jugado, en 1887, el primer encuentro contra el Arsenal, abandonado «por falta de luz» a 15 minutos del final, cuando los Spurs dominaban por 2 a 1: la victoria de los blancos no pudo inscribirse en los anales.

Los Spurs, el club al que supuestamente deben pertenecer los judíos londinenses, tienen un bonito estadio—con una grada poco gritona y con tendencia a aplaudir o abuchear como si asistiera a una representación teatral universitaria—con un bonito nombre (White Hart Lane, Callejuela del Ciervo Blanco) y un bonito historial. Pero, pese a las inversiones de su dueño, el áspero Alan Sugar, creador de los hace tiempo muy populares ordenadores Armstrad, llevan años quedándose a las puertas del éxito.

Otro club blanco (con franjas negras en la camiseta), antiguo y desafortunado, es el Fulham, nacido en 1879 por iniciativa del vicario de la parroquia de St. Andrews. Su estadio, Craven Cottage, está en una zona espléndida, al final de King's Road, junto al Támesis, donde se unen Fulham y Chelsea. El Fulham es un club salido de la nada que escala con tesón las más altas cimas de la miseria, a fuerza de errores y mala suerte. Se equivocaron al elegir terreno de juego, como se verá más adelante, al hablar del Chelsea, y han protagonizado patinazos memorables, como el de 1968, cuando descendieron de la Primera a la Segunda División. La directiva anunció, cargada de soberbia, que las banderas que adornaban la tribuna del río seguirían siendo las de los clubes de primera. «No vamos a comprar las banderas de los equipos de segunda para usarlas sólo un año», dijeron en la presentación de la temporada. En efecto, no hubiera valido la pena: al año siguiente estaban en Tercera. El Fulham se ha especializado en perder de forma dramática partidos de promoción para el ascenso. La adquisición del club por los Al Fayed, dueños de los almacenes Harrods y frustrada familia política de la princesa Diana, ha reanimado las esperanzas de la institución más infeliz del oeste de Londres.

Si el Fulham soporta calamidades en el suroeste, el *pupas* del noroeste es el Queens Park Rangers, más conocido como QPR. Fundado en 1886 como fusión de los equipos de dos escuelas religiosas, sufrió la primera desgracia en 1908, cuando pidió el ingreso en la liga nacional tras quedar primero en la liga del sur. Los Spurs hicieron con el QPR lo mismo que el Arsenal había hecho con ellos: maniobraron en los despachos y consiguieron para sí el ascenso a la competición de toda Inglaterra, a pesar de haber quedado quintos y a mucha distancia de los *rangers* en la liga del sur. Desde entonces, la curiosa camiseta a rayas horizontales azules y blancas no ha conseguido ningún éxito.

En el oeste de Londres, quien manda es el Chelsea. Un club irremediablemente pijo, hasta cierto punto artificial, insólitamente irregular, capaz de lo mejor y de lo peor.

El Chelsea fue el resultado del mordisco de un perro. Pero vayamos al principio, a 1877, cuando se creó un estadio en Stamford Bridge. El estadio se utilizó para el críquet y el atletismo hasta 1904, año en que fue adquirido por los Mears, una familia de constructores. Los Mears querían crear el estadio polideportivo más importante de Inglaterra y una pieza esencial de su plan consistía en alquilarlo al equipo local de fútbol, el Fulham. Pero los directivos del Fulham prefirieron seguir en el ya viejo Cottage. Gus Mears, irritado, decidió vender el estadio a la Great Western Railway Company, para que lo utilizara como almacén de carbón y materiales ferroviarios. A un amigo de Mears, Frederick Parker, se le ocurrió una opción alternativa: si el Fulham rechazaba Stamford Bridge, se podía crear un equipo a partir de cero. Mears, un tipo testarudo y de carácter feroz, no quiso ni debatir la propuesta. Parker citó a Mears poco después en el campo de orquídeas contiguo al estadio, propiedad también de la familia constructora, y el relato de ese encuentro, escrito por el mismo Parker, constituye la leyenda fundacional del Chelsea:

> Me dijo que aceptaría la oferta de los ferrocarriles por el terreno. Yo, triste por la desaparición del estadio, caminaba lentamente a su lado cuando su perro, viniendo en silencio desde atrás, me mordió hasta hacerme sangrar. Le dije a su dueño: Su maldito perro me ha mordido, mire, y le mostré la sangre, pero él, en lugar de expresar preocupación alguna, dijo tranquilamente: Terrier escocés, siempre muerde antes de hablar. Lo absurdo de la frase me pareció tan divertido que, aunque cojo y sangrando, me eché a reír y le respondí que era el pez más fresco que había conocido. Un minuto más tarde, [Smears] me sorprendió con una palmada en la espalda y me dijo: Se ha tomado ese mordisco malditamente bien. La mayoría de los hombres habrían montado un escándalo. Mire, estoy de acuerdo con usted.

Stamford no se vendió al ferrocarril. Todo lo contrario: Smears contrató a un arquitecto para que construyera una tribuna y puso en marcha la creación de un equipo, para el que se barajaron los nombres de Kensington FC y Stamford Bridge, hasta que finalmente se optó por el de Chelsea FC y por el color azul para la camiseta. La insistencia de Parker y el dinero de Smears bastaron para convencer a los dirigentes de la Liga de que admitieran de inmediato al flamante Chelsea, incluso por delante del histórico Fulham. Desde entonces y hasta hoy, el Chelsea es el club del *glamour*, capaz de ganar por 7 a 0 y de perder por el mismo resultado, siempre imprevisible, siempre elegante, siempre incapaz de alcanzar los objetivos que le corresponden por lo abultado de su presupuesto y lo numeroso de su afición. Actualmente, presume de estadio confortable (dispone de hotel y varios restaurantes) y de éxito comercial (su tienda de recuerdos es mayor incluso que la del Manchester United), y aspira a convertirse al fin en uno de los grandes del continente.

Uno de los políticos más repelentes de la *era Thatcher*, el conservador David Mellor, vio su carrera en peligro al descubrirse que tenía una amante. Pero hubiera resistido en su ministerio si la señorita en cuestión no hubiera revelado a la prensa sensacionalista que Mellor vestía la camiseta azul del Chelsea durante sus embates amorosos. La imagen era demasiado grotesca, especialmente para los *supporters* del Chelsea. David Mellor tuvo que dimitir. A pesar de eso y de otras cosas, yo también soy un *blue*. Qué le voy a hacer.

Un caso aparte, distinto a todos, es el Wimbledon, un club inverosímil al que se quiere o se odia. Para empezar, lleva el nombre de uno de los barrios más selectos del oeste de Londres, célebre en todo el mundo por el torneo de tenis y por sus fastuosas mansiones, pero juega en un suburbio muy modesto del este. Es, además, un club que se profesionalizó hace sólo dos décadas, que ha escalado todas las divisiones en un tiempo récord y que mima su cantera. Pero el toque especial, lo que distingue realmente al Wimbledon, es la rabia. Los *dons* tienen como colores el azul y el amarillo pero en cuanto tienen ocasión prefieren vestirse de negro, se llaman a sí mismos *the crazy gang* (la banda de locos), escuchan *rap* en el vestuario antes de saltar al césped, escupen sobre el campo contrario y nunca dan un balón por perdido ni una pierna rival por inalcanzable.

El jugador más simbólico de los *dons* fue Vinnie Jones, retirado hace unos años con el mayor expediente de sanciones de toda la historia del fútbol inglés. Un vídeo con sus consejos para aprender a jugar al fútbol se vendía, para que no cupieran dudas, en las estanterías dedicadas a deportes violentos como el boxeo y el karate. Ahí van algunas perlas del catecismo del padre Jones: «Cuando derribo a un rival, siempre me ofrezco a levantarlo. Le pongo las manos debajo de las axilas y le estiro con fuerza de los pelos». «Cuando algún contrario se me acerca demasiado, le agarro por los testículos y le digo con voz suave: ¿Te importaría retirarte un poco?». «Si leo en el diario que la mujer de un rival se ha largado con otro, se lo recuerdo oportunamente durante el partido». Y es que, amigo *hooligan*, «la pasión, la insistencia y el entusiasmo deben conducirte a terrenos en los que causarás algunos problemas. Es la misma historia de siempre. ¿Querrías tener a Gary Lineker a tu lado en las trincheras o preferirías tener a Vinnie Jones? Porque, al fin y al cabo, sabes que Vinnie Jones saldría de la trinchera y correría hacia el enemigo, mientras que Gary Lineker se sentaría y diría: Usted primero».

Jones, que antes de ser futbolista trabajó como peón de albañil, se dedica ahora al cine, especializado en papeles de gángster y asesino. Tras su rostro plagado de cicatrices, prácticamente sin cejas a fuerza de golpes, se oculta, dicen, un hombre sensato y razonable.

Desistí de acudir a Stamford Bridge por un ojo, un ojo ensangrentado y que me pareció, por lo que entreví, medio arrancado de su cuenca. Fue un sábado por la tarde, temprano, en un pub de Hammersmith, poco antes de comenzar un partido del Chelsea. Yo estaba leyendo el macizo *Guardian* sabatino y no escuché nada anormal hasta que se rompieron vasos y botellas y saltó la sangre.

Las peleas londinenses no son como las mediterráneas: no hay insultos previos, ni griterío, ni bravuconadas, ni «pasa de esta raya si te atreves», ni «que me sujeten que lo mato». A veces no hay ni palabras. La violencia es súbita y fría. Cualquiera que salga un sábado por la noche puede estar casi seguro de ver golpes, en un bar, en la calle o en cualquier parte. No se trata, pues, de un fenómeno directamente ligado al fútbol. El ambiente en los estadios ha recuperado la normalidad tras años de batallas en las gradas, el público es familiar y no existe peligro alguno: se puede disfrutar sin riesgo del griterío de Highbury o Stamford Bridge, del siseo escéptico de White Hart Lane o del silencio de cualquier cancha en que juegue el Wimbledon, un equipo sin público que incluso ha considerado trasladarse a Dublín. Pero en las cercanías de cada estadio, igual que en otros países, hay incidentes ocasionales. Y el que me tocó a mí, el del ojo, me desalentó bastante.

Ratas, ranas y anguilas

Caminábamos en fila india, pegados a la pared viscosa de nuestra izquierda y con los pies hundidos en un líquido opaco, invisible. La oscuridad era casi absoluta. Nos guiaba una linterna que desde mi posición, hacia el final de la columna, era una luz parpadeante. El foco de otra linterna cerraba la marcha y creaba un baile de sombras con nuestros cuerpos. El aire era denso y cálido, totalmente inmóvil, y el agua templada nos empapaba los zapatos. El chapoteo de nuestras pisadas resonaba a lo largo del túnel, rebotaba en la bóveda y se multiplicaba en un fragor marino. Aunque al principio algunos hablaban, a mitad de camino no se oía otra voz que la del guía y algún grito breve prolongado por el eco.

—Frogs, just frogs—voceaba el guía.

Había algo moviéndose junto a nosotros. De vez en cuando alguien sentía un leve golpe en el pie o la pierna, o un roce, o notaba el deslizamiento veloz de un cuerpo sobre el agua. De ahí los gritos.

—Frogs, just frogs—repetía el hombre de la linterna delantera.

Ranas, sólo ranas.

Ja.

No eran sólo ranas. Había ranas, sí, pero también anguilas y grandes ratas pardas, *rattus norvegicus,* llegadas desde Rusia en el siglo XVIII con una furia y una fertilidad que les permitió acabar en pocos años con las ratas negras locales. Quince millones de ratas de dientes afilados, voraces, inteligentes, resistentes a todos los venenos, inextinguibles, dueñas de un imperio nocturno y líquido: el Londres subterráneo.

Hacía un rato, quizá una hora, yo era un tipo despreocupado que andaba por City Road con su paraguas y su cartera en dirección a Moorgate, estación múltiple, Circle, Metropolitan and Northern Lines. Serían las ocho de la tarde y el éxodo cotidiano estaba casi concluido: la City se había vaciado y los últimos nos marchábamos a casa. Caía la llovizna de febrero, el mes sombrío, y desleía el paisaje como en una acuarela de grises. No era una noche especialmente desagradable.

Esperé en el andén de la Circle Line, junto a una pequeña multitud, durante cinco, diez, quince minutos. Al fin se oyó un anuncio por megafonía del que, como de costumbre, apenas entendí el *thank you* con que los jefes de estación, seleccionados, supongo, por su fonación exótica, rematan sus parrafadas. Oídos más avezados lograron captar el mensaje, que de boca a oído se extendió por el andén: la línea estaba paralizada por una amenaza de bomba en Tower Hill.

Algunos listillos cambiamos de andén para tomar la Northern, la línea que muy apropiadamente se colorea en negro en el mapa de la red y que sus usuarios conocen como Misery Line por su funcionamiento imprevisible. Mi plan era sencillo: llegar hasta King's Cross y allí cambiar a la Metropolitan hasta Paddington, donde se podía enlazar con la District; como alternativa, en King's Cross tenía la opción de embutirme en el salchichón humano de la Piccadilly, sufrir el acostumbrado ataque de claustrofobia entre Leicester Square y Piccadilly Circus y emerger más o menos demacrado en South Kensington.

La Northern funcionaba aún en ese momento. Dejó de hacerlo entre las estaciones de Old Street y Angel. El convoy se detuvo, se apagaron las luces y se hizo el silencio. Yo, en ocasiones como esa, me obsesiono con la falta de aire. Noto cómo los demás viajeros absorben el oxígeno y me dejan a mí sus exhalaciones, un aire de segundo o tercer pulmón que no puede hacerme ningún bien. Como de costumbre, empecé a calcular cuánto tardaría la lipotimia. Por si acaso, me senté en el suelo del vagón y, para entretenerme, me dediqué a hacer muecas: ventajas de la oscuridad. El conductor tardó una eternidad en decir algo, y cuando habló fue para recomendarnos paciencia. Tras otra eternidad, se abrieron las puertas y el foco de una linterna iluminó uno a uno a los pasajeros del vagón: si los demás, que mantenían la dignidad, mostraban un aspecto deplorable, ¿cómo debía lucir yo? Me enderecé para la ocasión y escuché las instrucciones de la vocecilla sin rostro escondida tras la luz: estaba haciendo un recuento de los pasajeros, debíamos esperar a que descendieran al túnel los ocupantes de los vagones posteriores, unirnos a la columna cuando se nos dijera, mantenernos muy juntos y seguir atentamente la linterna. No había ningún problema, no pasaba nada.

Ignoro cuánto duró la marcha por el túnel y la distancia que recorrimos. Todo el mundo se comportó muy dignamente, a la inglesa, como si los zapatos chorreantes y pesados no fueran nuestros. Pero se escucharon hondos suspiros de alivio cuando al fondo surgió la luz de los andenes de Angel y cuando pisamos el suelo seco de la estación.

Desde aquella excursión por el túnel, sé que los grandes chispazos que saltan de las ruedas del metro se desvanecen sobre un invisible mundo acuático. El metro de Londres es un vehículo anfibio, como las ranas y las ratas que lo ven pasar.

Agua bajo tierra

El agua manda en Londres. Fuera, la lluvia. Dentro, los ríos: el Támesis, el Wandle, el Ravensbourne, el Beverley, el Walbrook, el Fleet, el Tybourn, el Westbourne, el Counter's Creek, el Stamford, el Neckinger, el Effra, el Falcon. Algunos fluyen por la superficie, otros han quedado enterrados bajo el asfalto, pero todos empapan el subsuelo y han creado con el tiempo miles de torrentes y grutas, generalmente integradas en la red de alcantarillado.

Durante siglos, hasta mediados del XIX, sólo los *toshers* conocían el mundo subterráneo. Quienes trabajaban en el alcantarillado limitaban sus movimientos a una pequeña área del laberinto, para no extraviarse y morir. Los *toshers* estaban dispuestos a correr el riesgo, recorrían durante toda su vida las catacumbas, las cloacas, las grutas, los ríos negros, y los más destacados de entre ellos presumían de conocer secretos que la humanidad ignoraba.

En *London's Underworld*, uno de los tomos de su enciclopédico testimonio sobre la pobreza y la delincuencia en el Londres victoriano, Henry Mayhew explica que los *toshers* se consideraban a sí mismos una raza superior, una elite proletaria que trabajaba por cuenta propia y que, en algunos casos, hacía fortuna:

> Muchas personas se introducen por las aperturas del alcantarillado en los bancos del Támesis cuando la marea está baja, armadas con palos para defenderse de las ratas. Llevan una linterna para iluminar los tétricos pasajes y recorren millas bajo las concurridas calles en busca de los tesoros que caen desde arriba. Difícilmente puede concebirse una búsqueda más deprimente. Muchos han caído en esos peregrinajes y no se ha sabido más de ellos; algunos se intoxican con los vapores venenosos, o se hunden en el cieno, o son presa de una banda de ratas voraces, o son sorprendidos por un súbito aumento de las corrientes.

Los *toshers* eran maestros en el conocimiento del complejo mecanismo de las mareas internas de la ciudad y sabían orientarse en el laberinto subterráneo. Jamás revelaban sus conocimientos: para convertirse en un *tosher*, había que iniciarse desde niño y seguir a un veterano hasta ser capaz de orientarse solo y sobrevivir. El oficio de *tosher* no se enseñaba, se aprendía. Cada uno de ellos tenía en la memoria su propio manual, personal e intransferible.

Buscaban cualquier cosa: monedas, joyas, frascos, pedazos de metal. El gran tesoro, el hallazgo que justificaba su vida de lucha contra la oscuridad, el agua, las ratas y los excrementos, era el *tosheroon*: un montón de monedas de cobre y plata, unidas en una especie de bola tras siglos de humedad y podredumbre.

Los *toshers* desaparecieron a mediados del siglo XIX, cuando las desembocaduras fluviales de las cloacas fueron cerradas con rejas y el gobierno ordenó la elaboración de planos de aquel mundo hasta entonces ignorado. Aprovechando esos trabajos, un explorador victoriano, John Hollingshead, recorrió en 1860 el imperio de los *toshers*. Sigue un fragmento de su relato:

> En Piccadilly ascendimos por una boca secundaria, sólo para respirar una bocanada de aire fresco y echar un vistazo a Green Park, y volvimos a sumergirnos para concluir nuestro viaje. No habíamos avanzado mucho en nuestro camino descendente cuando los guías se detuvieron y me preguntaron si sabía dónde estábamos. La pregunta me pareció totalmente innecesaria, ya que mi posición en la cloaca era muy evidente.
>
> —Me rindo—repliqué.
>
> —Bien, en Buckingham Palace—fue la respuesta.
>
> Por supuesto, mi lealtad se despertó al instante y, quitándome el gorro embreado, dirigí la marcha al ritmo del himno nacional e insistí en que mis guías se unieran al coro.

Los túneles

Los londinenses bromean sobre la admiración que suele profesar el extranjero por el metro de la ciudad. El usuario cotidiano padece la vejez de vías y convoyes, la cochambre de los asientos y las frecuentes alteraciones del servicio, y asiste desde un andén sucio y mal iluminado a la decadencia de una red que vivió su mejor momento en los años treinta. Y, sin embargo, el metro londinense es algo más que un ferrocarril suburbano. La gente de Londres y su metro mantienen unas relaciones difíciles pero intensas, trenzadas de experiencias compartidas. El metro creó los interminables suburbios conocidos como Metroland. El metro fue refugio contra los zepelines entre 1914 y 1918 y contra la Luftwaffe entre 1941 y 1943. El metro mueve diariamente, mal que bien, a un millón de personas.

El metro fue inventado, en cierto modo, por un londinense, el ingeniero Charles Pearson, que había dirigido ya la introducción del gas en el sistema de iluminado público. En 1843, Pearson trazó sobre el plano una primera línea de Paddington a Farringdon, con paradas en Euston, St. Pancras y King's Cross. Su idea consistía en un tren subterráneo muy lujoso que agilizaría el transporte en la zona más *chic* de la ciudad. No acababa de resolver, sin embargo, un detalle técnico: ¿Cómo evitar que los gases y el vapor mataran a los pasajeros entre estación y estación? Probó en primer lugar un sistema mecánico de poleas para arrastrar convoyes sin locomotora, pero no funcionó. Del segundo intento queda un insólito testimonio en Leinster Gardens, muy cerca de Queensway y Kensington Gardens. Pearson montó sobre las locomotoras un depósito para almacenar los gases, que el conductor abría tirando de una cadena al pasar por determinados tramos de superficie regularmente distribuidos a lo largo de la línea. Lo que se ve, o más bien no se ve, en los números 23 y 24 de Leinster Gardens es uno de esos tramos: las dos pulcras casitas no son tales, sino un decorado para ocultar las humaredas. Detrás de la fachada sólo hay una vía.

La primera línea, llamada Metropolitan (de ahí el

nombre de *metro*, que se utiliza en casi todas partes menos en Londres), empezó a construirse en 1860 y se inauguró en 1863, dejando atrás varios hundimientos, catástrofes y accidentes mortales y acompañada de una gran polémica política. Los diputados más progresistas denunciaron que la línea había sido trazada según el nivel de renta de la superficie: como primero se cavaba la zanja y luego se cubría convirtiéndola en túnel, había que derribar gran cantidad de edificios, y las elegidas para el desahucio eran sistemáticamente las viviendas más pobres.

Tiene la palabra Thomas Hughes, diputado por Lambeth:

> Si la Cámara no insiste en que se trate en mejores términos a los pobres, las compañías metropolitanas crearán una tiranía social de extremos inimaginables hace diez años. Y no sólo será tiranía, será tiranía sin prestigio, tradición o pintoresquismo [si se me permite el inoportuno inciso, esta última frase dice más sobre los valores británicos que diez estudios sociológicos]. Crueles daños han sido ya infligidos en un vasto número de miembros de nuestras clases más humildes, que han sido expulsados de sus propiedades. Y se hace todo esto, y grandes borrones aparecen en el mapa de la metrópoli, tan sólo para que alguien pueda acortar en cinco minutos el tiempo que tarda en cruzar la ciudad de punta a punta.

El ínclito grafómano Henry Mayhew, en *The shops and companies of London*, aportó su punto de vista favorable al metro con la reflexión que puso en boca de un supuesto viajero perteneciente a las «clases más humildes»:

> Si un hombre llega cansado a casa tras un día de trabajo, tiende a ser violento con la señora y los niños, y eso conduce a toda clase de ruidos, y acaba largándose al pub en busca de un poco

de tranquilidad; mientras que si es transportado hasta casa, y disfruta de un buen descanso en cuanto da por terminada la jornada laboral, puedo asegurar que vuelve a ser un tipo agradable a la hora de la cena.

El metro triunfó como medio de transporte, aunque no como remedio a la violencia doméstica. Dos grandes compañías se disputaron el negocio durante medio siglo, la Metropolitan Company de Edward Watkin, que poseía aproximadamente la parte superior de la actual Circle Line, y la Metropolitan District Railway de James Staats Forbes, que poseía la parte inferior del círculo. Watkin era agrio, concienzudo y trabajador. Forbes era encantador, imaginativo y no siempre fiable. Los dos magnates, que se odiaron hasta el fin de sus días, mantienen todavía hoy un curioso duelo, delegado en las estaciones que construyeron. A Watkin le gustaban la arquitectura clásica y los grandes volúmenes, grandísimos a poder ser: su espíritu y el de la Metropolitan quedan en estaciones como la de Baker Street (1929), extensa y compleja, envuelta en un edificio que durante años fue el mayor bloque de apartamentos de Londres, y dotada con una amplia y recargada cantina subterránea, abierta las 24 horas, para los trabajadores de la empresa. Forbes y la District, en cambio, se perpetuaron en los diseños del arquitecto Leslie Green, caracterizados por la escala humana y las fachadas de azulejo rojo como la de South Kensington (1906). Forbes, en mi opinión, alza el brazo como vencedor en esa póstuma rivalidad arquitectónica.

En el metro de Londres nació incluso el diseño contemporáneo. Frank Pick, jefe de publicidad del London Passenger Transport Board, encargó en 1916 a Edward Johnston la rotulación de las estaciones. El resultado fue el inmortal círculo rojo cruzado por la franja azul con el nombre de la estación o de la línea en letras versales blancas. Unas palabras de Frank Pick, pronunciadas, recuérdese, en plena Primera Guerra Mundial, revelan la clarividencia del personaje: «Un alto nivel en el diseño de las cosas es esencial para un prestigio duradero y, por tanto, para el buen funcionamiento de un gran servicio público».

El principio de Pick regía en 1933, cuando se le encargó a Harry Beck la confección de un diagrama comprensible de la red metropolitana y sus conexiones. El diagrama original de Beck, objeto de varios pleitos sobre su propiedad intelectual, se expone hoy en el Victoria & Albert Museum, y sigue vigente con los añadidos de las líneas posteriores: Metropolitan (1860) en fucsia; District (1865) en verde; Circle (1884) en amarillo; Northern (1890) en negro; Central (1899) en rojo; Piccadilly (1903) en azul oscuro; Bakerloo (1905) en marrón; Victoria (1962) en azul cielo; Jubilee (1970) en gris. El logotipo y el plano del metro de Londres han sido imitados en todo el mundo y siguen siendo una referencia para los diseñadores.

El metro, con sus más de cien estaciones (y otras veinte o treinta cerradas, algunas fugazmente visibles cuando el tren pasa por ellas), dispone de la mayor red subterránea. Pero hay otras. Correos, por ejemplo, cuenta con sus propios túneles y sus propios trenes, lo que le permite mover la carga postal a gran rapidez. En Londres es posible enviar una carta por la mañana, sin ninguna tarifa especial, y que su destinatario la reciba por la tarde. El Banco de Inglaterra tiene también horadada la City y distribuye billetes y monedas a los bancos a través de sus túneles blindados: de caja fuerte a caja fuerte.

La red subterránea más importante en manos privadas es la de Harrods. Un sistema de galerías que llega a Hyde Park (donde dispone de un caserón que utiliza como almacén) y se ramifica bajo gran parte del barrio, permite al augusto establecimiento de Knightsbridge tener bajo tierra sus frigoríficos, su bodega e incluso su estación de policía.

Los túneles del Banco de Inglaterra, de Correos y algunos del metro, como los de la línea Jubilee, se construyeron pensando en su utilización durante una hipotética guerra nuclear y fueron recubiertos de gruesas capas de hormigón armado. Hoy se sabe que no habrían soportado un impacto atómico, pero sí resisten cualquier intento de demolición civil. Destruirlos resultaría absurdamente caro. Aunque caigan en desuso seguirán ahí, por los siglos de los siglos.

Un monumento a la derrota

Londres posee un monumento a la derrota. Un lugar subterráneo, semisecreto, muy al este, donde las almas vencidas pueden buscar sosiego. He acudido a él en tres ocasiones de desesperanza. No sirve para nada, pero me gusta.

El monumento comenzó a construirse el 2 de marzo de 1825, exactamente a la una de la tarde. Ese día y a esa hora, ante una selecta concurrencia local y extranjera, entre cuyas levitas negras destacaba el atuendo del jefe indio Little Carpenter, Marc Isambard Brunel colocó con una paleta de plata el primer ladrillo de una obra que había de asombrar al mundo: un túnel bajo el Támesis, entre Wapping y Rotherhite, en pleno puerto de Londres.

El proyecto era ya antiguo. Desde finales del siglo XVIII el puente de la Torre estaba permanentemente bloqueado por el tráfico de carretas entre los muelles, en la ribera norte del Támesis, y las factorías de la ribera sur. Hacia 1820, 4.000 carros cruzaban diariamente el puente, en uno u otro sentido, y 350 barcazas se dedicaban al transporte de pasajeros de un lado a otro. Un túnel de 400 metros de longitud era la solución al atasco portuario, pero los intentos previos habían terminado en fracaso: el río anegaba inexorablemente cualquier excavación. Brunel prometió solemnemente a la reina Victoria que su plan tendría éxito.

El francés Marc Brunel era un personaje extraordinario. Comenzó su carrera como oficial de la marina borbónica, pero sus convicciones monárquicas le obligaron a huir a Estados Unidos en 1793. Consiguió el puesto de jefe de ingenieros de la ciudad de Nueva York, donde, además de construir fortificaciones e instalar una fundición de cañones, inventó una grúa para astilleros. La idea de la grúa le sirvió para trasladarse a Inglaterra y crear un astillero mecanizado en el puerto de Portsmouth. Hizo fortuna y la incrementó con talleres de fabricación de botas y uniformes para el ejército (donde aplicó una máquina cosedora de su invención) y una imprenta, también de patente propia. La gestión económica, sin embargo, no era lo suyo. El fin de las guerras napoleónicas, en 1815, hundió sus negocios, y en 1821 fue encarcelado por deudas. Fue en la cárcel de morosos donde ideó, inspirándose en la termita y en la carcoma, una gran máquina para horadar. Sus amigos convencieron al gobierno y a los prohombres de la City de que Brunel era el hombre que podía por fin vencer al Támesis, y pagaron una fianza de 5.000 libras (el equivalente a 30 años de salario de un estibador) para que pudiera iniciar las obras.

El túnel creó toda una moda en Londres. Se hizo popular un *Vals del túnel* y se representó con éxito un espectáculo musical llamado *El túnel del Támesis, o Arlequín excavador.* Las autoridades extranjeras acudían a pie de obra para contemplar el desarrollo del mayor proyecto de ingeniería civil de la época. Toda esa fama fue muy útil cuando, al cabo de un año y con sólo ochenta metros perforados, los más fáciles, se agotaron los fondos. Brunel decidió abrir el pozo al público elegante, que, previo pago de un chelín, descendía sentado sobre un sillón atado a unas poleas hasta las «profundidades de la tierra». Poco después, los trabajadores empezaron a encontrar loza y madera, restos de antiguos naufragios, en el terreno que perforaban: estaban casi en el lecho del río. Brunel inventó un primitivo batiscafo para alcanzar personalmente el fondo del Támesis y medir la delgada lámina de tierra que separaba el techo del túnel de las aguas superiores, y rellenó con sacos de arcilla los tramos más profundos del lecho fluvial. Poco a poco, la perforación se convirtió en un infierno. En mayo de 1827, los trabajadores, afectados por los gases y la humedad, con náuseas y diarreas constantes, con el salario reducido por la escasez de fondos y hartos del riesgo, se declararon en huelga. Ese mismo mes, el túnel se hundió y Brunel sufrió una apoplejía que le dejó parcialmente paralítico.

En septiembre llegaron nuevos fondos y Brunel celebró la reanudación de las excavaciones con uno de los banquetes más célebres de la historia moderna, comparable con el de los tres emperadores en París o con el de aquella expedición científica que se comió un mamut conservado en hielo: el ingeniero reunió a sus 130 trabajadores y a 40 invitados en torno a una mesa situada al fondo del túnel, e introdujo además a una banda militar para que amenizara el ágape. Gracias al insólito festejo y a los medios técnicos que lo habían hecho posible (hubo que inyectar grandes cantidades de aire para que los comensales no se asfixiaran antes del oporto), el proyecto recobró parte de su popularidad.

Cuatro meses después, el 28 de enero de 1828, el túnel se hundió de nuevo. Varios trabajadores habían muerto, muchos estaban heridos o enfermos y no quedaba una libra por rebañar. La perforación se abandonó definitivamente.

Brunel dedicó siete años a pedir más dinero al gobierno. Y en 1835 pudo volver a la tarea. Un fragmento del diario de Brunel da una idea de las condiciones dantescas en que se trabajaba:

16 de mayo de 1838: Gas inflamable. Los hombres se quejan mucho.

26 de mayo de 1838: Heywood murió esta mañana. Dos más en la lista de enfermos. Page se está hundiendo. Inspecciono el escudo [la máquina perforadora]. No hay mucha agua, pero el aire es extremadamente ofensivo, afecta a los ojos. Me siento muy débil después de haber pasado un rato ahí abajo.

28 de mayo de 1838: Bowyer murió hoy o ayer. Un buen hombre.

El 27 de enero de 1843, dieciocho años después del comienzo de las obras y tras un gasto monumental de 614.000 libras (25.000 bastaban para crear un banco solvente), el túnel fue inaugurado por la reina Victoria. Pero el dinero no había alcanzado para los accesos, por lo que los 400 metros bajo el río sólo se podían recorrer a pie. Los transbordadores de pasajeros, los grandes perjudicados por el túnel, unieron un trapo negro a la bandera de sus naves en señal de luto, mientras el puente de la Torre seguía colapsado por los carruajes.

Un par de años después, el túnel se había convertido

en una ciudad subterránea y miserable en la que se aglomeraban chabolas, vendedores ambulantes y atracadores, y el público volvía a utilizar las barcazas para cruzar el río. «El túnel es un completo fracaso», escribió Nathaniel Hawthorne, cónsul de Estados Unidos.

En 1869, la East London Railway Company se hizo cargo del túnel y lo integró en el trazado de la recién creada Metropolitan Line entre Paddington y Farringdon Street, para prolongar el trayecto hasta la orilla sur del río. El primer túnel bajo el Támesis se unió a la primera línea de ferrocarril subterráneo y pasó al olvido. Otros túneles y otros puentes resolvieron, al cabo de pocos años, el atasco del puerto.

Cuando uno desciende la vieja escalera de caracol de la estación de Rotherhite, camina alrededor de lo que fue el pozo de Brunel. Ese gran cilindro que se hunde en las «profundidades de la tierra» fue un prodigio de la técnica hace siglo y medio y costó ríos de sangre y de oro, inútilmente derramados. Esa modesta estación y el túnel por el que circula el metro son el santuario de la derrota.

Los muelles del adiós

Una mañana sonó el teléfono en la oficina y alguien preguntó por mí. Resultó ser un caballero muy educado, que llamaba desde Edimburgo y se interesaba por mi situación fiscal: un inspector de Hacienda. Yo pagaba mis impuestos en España. El hombre se mostró comprensivo, alabó incluso mi patriotismo—el alelamiento me impidió responder—, pero añadió, en términos muy cordiales, que no podía pasarme la vida en el Reino Unido y seguir pagando la renta en otro país. Me dejó su nombre y su número de teléfono, por si necesitaba información o ayuda, y, como quien da una palmadita en la espalda, me animó a que en adelante depositara una porción de mi renta en el Tesoro de Su Majestad.

Está bien que el inspector de Hacienda llame desde una ciudad simpática y remota (la lejanía parece anular toda urgencia) como Edimburgo, la capital tributaria del país. Y que el inspector sea majete. Me convenció. Si me lo hubiera pedido, incluso le habría mandado un anticipo. «Bueno», pensé, «este es el paso definitivo. Aquí me quedo».

Ja, ja.

Volvió a sonar el teléfono. Era un compañero del periódico.

—Me han ofrecido tu empleo—dijo—pero no lo he aceptado. Que lo sepas.

Tuve ganas de llamar a mi gran amigo el inspector fiscal para pedir auxilio. Pero el colega seguía al otro lado de la línea.

—¿Qué? ¿Me han despedido? ¿Ya?

—Yo no sé nada de eso. Solo sé que no me interesa Londres. Seguro que te dicen algo enseguida.

Colgué. Permanecí angustiado durante unos minutos, con las manos aferradas a la mesa. «Les costará echarme de aquí», mascullé para mis adentros.

El monólogo interior descarrilaba ya hacia delirios heroicos de resistencia frente a un comando policial que trataba de desalojarme de mi casa, cuando el timbre del teléfono cortó la tontería en seco.

Esta vez era Lola. Acababa de recibir una carta de la agencia inmobiliaria, en la que se nos anunciaba que el contrato de alquiler no sería renovado. Un tipo de Hong Kong había comprado la casita pequeña y sin jardín.

Le conté mis noticias a Lola, y convinimos en contener los respectivos pánicos. No sé qué hizo ella. Yo, al colgar, entré en pánico. Iba a llamar a Madrid, para implorar piedad o para amenazar a alguien de muerte, aún no lo había decidido, cuando se me adelantaron.

Ahora llamaba el director, Jesús Ceberio, un hombre poco dado a los circunloquios cariñosos. La conversación fue muy breve. Me ofreció un puesto en otra capital europea, considerada como de mayor rango informativo que Londres. Yo le pregunté cuándo quería una respuesta y él, con su claridad habitual, me dijo que la quería en ese mismo momento y que la quería afirmativa. No hubo que hablar mucho más.

Me iba de Londres.

Esa misma tarde, o quizá a la siguiente, me acerqué al Támesis. Pasé por el muelle de St. Katharine, que tal vez se parecía, en aquel crepúsculo pálido y desapacible de invierno, a lo que fue en otra época: un paraje brumoso, erizado de mástiles, en el que se amontonaban las balas de algodón y los inmigrantes recién llegados. Ahora se dedica a otras cosas. En los años ochenta, cuando concluyó el traslado del puerto hacia la Isle of Dogs, St. Katharine fue reconvertido en puerto deportivo para yates de lujo. Hacia 1987 y 1988, los años dorados de la especulación y el dinero fácil en Londres, cuando el papel moneda corría peligro de autocombustión y la riqueza parecía ser considerada una de las bellas artes—las cosas no han cambiado tanto, ¿no?—, los nuevos millonarios instalaron sus yates allí. Aquellos barcos no navegaban casi nunca. Servían para celebrar fiestas a bordo. Los viernes por la noche, el muelle era todo risas, inhalaciones y roce de sedas. El efímero monumento a aquel frenesí final del thatcherismo se erigió, por lógica, en St. Katharine. Consistía en un mecanismo móvil instalado en el pequeño restaurante del muelle, que permitía depositar sobre cada una de las cubiertas un flujo constante de botellas de champán francés bien frío.

Aquel monumento al champán *just in time* fue desmontado en cuanto se extinguió la llamarada del dinero fácil y llegó la recesión. St. Katharine sigue dedicándose a los yates, pero el restaurante, rebajado a la condición de pub, y casi a la de merendero para turistas en verano, vende más bocadillos de atún que botellas de Louis Roederer.

Yo, aquella tarde, me bebí una pinta asomado a las aguas oscuras del puerto y pelándome de frío.

Luego caminé hacia el este, el puñetero este hacia el que viajaría en un futuro inmediato, para acercarme al Cutty Sark, una devoción personal.

Mi querido siglo XIX tuvo un gran defecto: los barcos dejaron de crecer y de extender más y más velas por culpa de la máquina de vapor, que los hizo lentos y achaparrados pero, eso sí, insensibles a los caprichos del viento y poco exigentes en materia de tripulación. El barco a vapor se adueñó poco a poco de las rutas comerciales oceánicas y, sobre todo, de la ruta oriental del té.

La navegación a vela planteó un combate final y se entregó a la voluntad del viento para crear el clíper: el barco más bello, esbelto, grácil y veloz. Bastaba una brisa para que el afilado casco del clíper volara sobre las olas y rebasara como un suspiro a cualquier monstruo con chimeneas.

Fue un *beau geste*, una forma elegante de morir. El vapor, más barato, se impuso. El clíper tuvo que dejar el comercio del té y descender a la lana australiana. Finalmente, abandonó los mares.

El Cutty Sark, botado en 1869 por el naviero londinense John Willis, fue de los últimos en caer. Transportó mercancías hasta 1922, cuando manos piadosas lo salvaron del desguace y le devolvieron su esplendor. Su elegancia casi inmaterial sobrevive en los muelles de Greenwich, el límite oriental de la ciudad, donde el Támesis empieza a oler a mar. Es una lástima que uno no abandone Londres desde allí.

Por la noche tomé una cerveza con Íñigo, que fue tan bondadoso como para felicitarme por mi nuevo destino. Por alguna razón, Íñigo Gurruchaga tiende a considerarme un tipo afortunado—justo lo que yo pienso de él—, y aquella noche me describió un futuro de color rosa. Yo iba a disponer, eso era casi seguro, de una especie de palacete en el que, enfundado en un batín de seda y con el habano entre los dedos, apenas debería interrumpir unos minutos el goce de los refinados placeres continentales para despachar algunas líneas, espléndidamente pagadas, hacia Madrid.

Después de años de práctica, Íñigo es muy competente despidiendo a la gente que se va de Londres. A veces me recuerda a esa gente que despedía desde los muelles a los soldados que embarcaban hacia la guerra, con entusiastas vítores de ánimo. Muy de agradecer. Pero, claro, ellos se quedaban. Como Íñigo.

No hubo, por supuesto, palacetes ni lujo ocioso en mi futuro. No me fue mal, sin embargo, en mi nueva ciudad.

Vuelvo a Londres con frecuencia, y a veces me entran ganas de regresar y quedarme para siempre.

¿No se podría vivir del aire en Londres?

Prefiero no alarmar todavía a Lola. Tengo que llamar a Íñigo y consultarle sobre el asunto.

FIN

ESTAS

Historias de Londres,

DE ENRIC GONZÁLEZ,

SE ACABARON DE IMPRIMIR

EL TRECE DE MARZO

DEL AÑO DOS MIL.

Otros autores españoles en la colección
ALTAÏR viajes

&

ALFONSO ARMADA, *Cuadernos africanos* (1998).

Alfonso Armada (Vigo, 1958), periodista especializado en temas africanos, nos narra un viaje estremecedor al corazón de África: Ruanda, Zaire (más tarde República Democrática de Congo), Burundi, Angola, Somalia, Sudán, Liberia, Suráfrica y Congo-Brazzaville. Ningún lector saldrá indemne de este descenso a los infiernos africanos entre 1994 y 1997 que son los cuadernos (públicos e íntimos a un tiempo) de Alfonso Armada, que nos presentan, con una prosa afilada y en un castellano licuado, y con imágenes y recortes de papeles privados, la desgarradora y desgarrada realidad de esos países: desde aeropuertos que son cuevas de ladrones hasta mercados que son auténticos vertederos humanos y descampados donde las epidemias, las enfermedades y la muerte obran a su antojo. Estos cuatro *Cuadernos africanos*, que basculan admirablemente entre la emoción del diario poético y la síntesis reflexiva de la crónica periodística, entre el desencanto ante lo inevitable y la fascinación ante unas culturas apasionantes, son un grito esperanzado de rabia y de horror. Manuel Leguineche se ha congratulado por «tan espléndido libro», que, para Javier Reverte, está «escrito desde la verdad y la piedad».

XAVIER MORET, *América, América: Viaje por California y el Far West* (1998).

¿Por qué en los libros de viaje el narrador suele ir solo, viaja en abarrotados transportes públicos y se mueve por peligrosos países exóticos? Sea cual sea la razón, en este libro del escritor y periodista Xavier Moret (Barcelona, 1952) el panorama es muy distinto: el narrador viaja en familia, en un coche alquilado y por los Estados Unidos. A lo largo del viaje, mientras los padres pretenden revisitar el universo contracultural de los años sesenta—beat, hippies y otras hierbas—, la hija adolescente y su amiga buscan disfrutar sin complejos los mitos culturales de los noventa, con mucha hamburguesa y más Coca-cola. De este acentuado contraste generacional entre la mirada de un cuarentón y una quinceañera, entre dos visiones de la América más mítica (California y el Far West), nace este relato divertido y por momentos cautivador. Xavier Moret entrevera en su particular *road movie* no sólo libros, canciones y películas ligados de algún modo al paisaje sino también bares, moteles y desiertos que ilustran los escenarios de la memoria de una generación (con permiso de la siguiente, por supuesto). «Una *road chronicle* entretenidísima, fresca y humorística» (Carles Barba, *La Vanguardia*). «Este apasionante relato resulta imprescindible como testimonio del viaje colectivo a la mitología americana» (Margarita Rivière, *Qué Leer*).